내향인
개인주의자
그리고
회사원

KB073523

나만의 방식을 지키며 최고의 인재로 성장하는 법

내향인
개인주의자
그리고
회사원

조준호 × 김경일

저녁달 🌙

세상에 맞추지 않아도 괜찮다

나는 대기업에서 평사원으로 오를 수 있는 최고 직위까지 올랐다가 은퇴했지만, 평생 '사회생활 잘한다'는 말은 들어본 적이 없다. 사교성이 영 없어서 직장 모임이든 집안 모임이든 정말 꼭 있어야만 하는 자리에는 최소한의 시간만 머물다가 사라졌다. 상사나 동료에게 듣기 좋은 말을 할 줄도 몰랐고 그들과 따로 친분도 쌓지 않았다. 사실 그렇게 해보려는 시도조차 한 적이 없는 것 같다. 여러 사람과 어울려 노는 것보다 혼자 있는 시간이 좋았고 처세보다는 실력을 키우고 성과로 증명하는 게 좋았다. 성격이 이렇다 보니, 내가 처음 회사에 다닌다고 했을 때 주위에선 걱정부터 했다. 살기등등한 경쟁사회에서 적응이나 할 수 있을지 염려했던 것이다.

경쟁이란 돈, 권력, 지위 등 제한된 자원을 두고 각자 많이 차지하기 위해 겨루는 것을 말한다. 이를 위해 기를 쓰고 좋은 학교에 가고 좋은 직장(혹은 직업)을 가지려 한다. 직장에서는 동료보다 더 빨리 승진하기 위해 또는 살아남기 위해 열심히 일하고, 큰돈 벌기를 꿈꾸며 주식이나 부동산에 투자한다. 경쟁에서 이기고 싶다는 욕망이 강해지면 양심과 불법 사이를 오가며 아슬아슬한 행동을 하기도 하고 권력이나 금력金力 앞에 무너져 옳지 않은 일을 따르기도 한다. 조금 더 적극적인 사람은 성과를 내기 위해 다른 사람을 흠집 내고, 대놓고 탈세를 하면서 절세를 하는 기술이라고 뻔뻔하게 우기기도 한다. 예나 지금이나 세상에는 이를 매력적인 것이라고 부추기는 사람들이 많고, 여전히 사람들은 돈과 권력을 쟁취하기 위한 무한 경쟁에 몰두하고 있다.

게다가 한국전쟁 이후 모두 잿더미 위에서 가진 것 없이 시작했던 때와는 달리 사회적 성취를 이룬 사람들이 자신의 부와 인맥을 동원하여 자녀에게 좋은 교육과 환경을 제공하려고 노력하다 보니 사회생활의 출발선도 각각 달라졌다. 젊은이들이 사회의 계층 사다리를 올라가기가 점점 더 어려워지고 있다. 학교나 부모에게서 배운 대로 바르게 살아보려고 마음먹었던 청년들도 현실에 부딪히면 세상의 편법을 차츰 따르게 된다. 그래서인지 누구보다 빠르게 부자가 되어 최고의 자리에 올라 성공하는 법을 다룬 콘텐츠는 유튜브에서 늘 인기다.

그래도 세상에는 올바르게 살며 더 나은 삶을 가꿔가고자 하는 사람들도 많이 있다. 나 또한 '원칙을 따지는 사람은 세상에 맞추지 못해서 성공하지 못하고, 조용히 성실하게 일만 하는 사람은 크게 되지 못한다'는 선입견을 무너뜨리고 싶었기에 그들을 지지한다. 40년 가까이 일하면서 타협 한번 한 적 없다면 거짓말일 테고, 바른길을 가며 내 분야에서 인정받는 사람이 되려고 정말 많은 노력을 했다. 그리고 나의 신념을 이루었다. 대단한 영웅적 결단을 하며 회사생활을 했다기보다 나의 성격 때문에 불가피한 것이었으나 결과적으로 나의 성격은 일의 태도에 좋은 영향을 주었다고 생각한다. 융통성이라고는 없는 주제에 개인주의 성향이 강하여 누구의 표현대로 '세상이 감당 못 할 사람'이었지만 지나고 보니 시끄러운 세상에 맞추어 살지 않아도 괜찮았다.

요즘 2030 세대도 직장에서 사회생활 잘하기보다는 자신의 시간을 존중받고 할 수 있는 만큼 일하고 결과로 인정받기를 원한다고 한다. 물론 모두 다 그렇다고 일반화할 수는 없지만, 자신의 기질을 바꾸려고 무리하게 애쓰기보다 나다움을 인정하고 자신만의 일의 태도를 만들어가는 분위기인 것 같다. 상사의 비위를 맞추기 위해 새벽까지 술 마시고 다음 날 일찍 출근하고, 상사의 개인적인 심부름이나 집안 경조사까지 챙기는 아부는 하지 않아도 되는 세상이 되기도 했다.

그렇다고 해도 직장생활은 힘들다. 회사마다 조직 문화라는 게 있기도 하고, 업무 환경, 보고 체계, 일의 흐름 등은 제대로 파악할 줄 알아야 실력도 늘리고, 성과도 올릴 수 있다. 일이란 일차적으로 나의 노동의 가치를 자본으로 환산하는 것이다. 회사가 기대하는 것 이상으로 일을 잘 해낸다면 어느 정도의 돈과 권력도 자연스럽게 따라올 것이다. 그런데 이 돈벌이 수단인, 이 일은 나의 감정, 가치관, 인격, 라이프스타일, 건강 등등 나의 인생 구석구석에 섬세하게 녹아 있다. 그래서 어떻게 일하는가는 그 사람이 어떤 사람인가를 설명해주며, 일의 태도에는 '그 사람다움'이 나타날 수밖에 없다.

이 책에서는 나만의 방식을 유지하며 일을 잘하고 싶은데 답답함을 느끼고 있거나, 일을 할 때 어떤 방식으로 해야 할지 고민하는 사람들을 위한 이야기를 담았다. 어떤 이야기는 일에 바로 적용할 수 있을 것이고, 어떤 이야기는 지금 닥친 문제를 해결하는 데 힌트를 줄 수도 있을 것이다. 내가 하는 일의 질과 내 삶의 질을 높이며 풍요로운 인생을 시작하기 위한 조언이 될 수도 있을 것이다. 나의 경험과 배움이 세상 속에서 분전하고 있는 많은 젊은이에게 도움이 되길 바란다.

2023년 가을

조준호

내향인, 개인주의자 그리고 회사원을 위한 영리한 제안

김경일

(인지심리학자, 아주대학교 심리학과 교수)

序章

몇 년째 MBTI가 엄청난 화제입니다. MBTI 성격유형 검사를 해
보지 않은 사람을 찾기 어려울 정도인데요. 저는 대학교 4학년이
었던 1992년에 처음으로 MBTI 검사를 해봤습니다. 그런데 그때
는 이렇게 우리 사회에 큰 반향이나 열풍이 불지 않았습니다. 오
히려 이런 반응이었죠.

"MBTI라는 검사가 있어. 들어봤어?"

"아니. MMPI는 들어봤는데 MBTI는 뭐야?"

심리학 전공생들에게도 생소한 심리 검사였거든요. 그때 지
금처럼 MBTI가 유행으로 번지지 않은 이유는, 당시는 나 자신

을 이해하는 것보다 사회와 국가의 발전이 더 우선시되는 관계주의가 강한 시대였기 때문일 것입니다. 저는 지금까지 1년에 한두 번씩, 30번 넘게 MBTI 검사를 해봤는데 16가지 성격유형 중에 14개가 나왔습니다. 좀 이상한가요? 그런데 이게 정상이에요. MBTI는 정확하고 타당한 성격 측정을 위해 만들어진 검사가 아니라 검사 형태를 갖춘 게임에 가깝습니다. MBTI는 개인의 성격을 판단할 수 있는 검사라기보다 '내가 요즘 어떻게 살고 있는지'를 파악할 수 있는 재미있는 검사입니다. 내가 최근에 외근도 자주 다니고 사람도 많이 만나면서 활발하게 살았다면 E 성향으로 나오고, 새로운 것을 배우며 공부하는 데 집중하고 있거나 바쁜 일을 해치우며 일에 몰입하여 살았다면 I 성향으로 나옵니다. 내가 처한 상황에 따라 MBTI는 얼마든지 바뀔 수 있다는 것이죠.

외향성 지향 사회가 낳은 내향인에 관한 착각

그럼에도 불구하고 워낙 MBTI가 대열풍이다 보니 기업의 채용공고에도 등장하더군요. 대부분의 회사에서는 활발하고 인간관계가 좋은 직원이 열정적으로 일할 거라는 기대감이 있어서 외향적인 사람을 선호하기 마련입니다. E 유형을 우대한다거나, 반대로 내향형을 뜻하는 I 유형은 지원하지 말아 달라는 공고를 내서 논란이 일기도 했죠.

그 때문에 취업 면접 때 면접관이 MBTI가 뭐냐고 묻자 자신은 I 유형인데 E 유형이라고 거짓말을 했다는 사례도 등장하고 있습니다. 본인을 내향적인 사람이라고 소개하면 불이익을 받을까 봐 걱정이 되었던 것이겠죠. 내향적인 사람은 수줍음이 많고 사람들과 잘 어울리지 못한다는 오해와 편견이 아직도 많은 것 같습니다.

그렇다면 정말 외향적인 사람이 사람들을 많이 만나고 인맥이 넓으니 일을 잘하거나 성공할 확률이 높고, 내향적인 사람은 그런 것과는 거리가 멀까요?

성공이라는 목표에 도달하는 데 필요한 조건은 사람을 많이 만나는 것만 있는 게 아닙니다. 그 자격을 얻기까지 시험에 통과해야 할 수도 있고, 공부를 하며 실력을 쌓아야 할 수도 있고, 일에 미쳐서 성과를 내야 할 수도 있습니다. 이처럼 넘어야 할 고비가 많습니다. 이때 가장 필요한 게 뭘까요? 집중력입니다. 내향인의 강점 중 하나는 집중력이 높다는 것입니다.

역사적으로 보면 성공한 사람 중엔 내향적인 사람들이 더 많았습니다. 성공한 사람의 70%는 내향인이라는 조사결과도 있죠. 마이크로소프트 창업주 빌 게이츠Bill Gates, 구글 설립자 래리 페이지Larry Page, 소설가 J. K. 롤링J. K. Rowling, 미국의 인권운동가 로자 파크스Rosa Parks, 페이스북 창업주 마크 저커버그Mark Zuckerberg는 모두 내향인입니다. 미국의 역대 대통령 중 가장 존경받는 에이브러햄 링컨도 내향적인 인물이었죠.

내향적인 사람과 외향적인 사람 모두 100의 에너지를 가지고 있다고 가정했을 때, 외향적인 사람은 외부의 사물이나 사람에 에너지의 70을 쓰고 나머지 30은 자신과 관련된 일에 집중합니다. 그래서 가만히 앉아서 오래 집중하지 못하는 게 고민이죠. 내향적인 사람은 에너지의 30을 사람이나 사물에 쓰고 70은 자기 공부나 업무 등에 씁니다. 사람을 만날 때 쓰는 에너지가 한정돼 있으니까 인간관계가 힘든 게 고민이죠. 서로 반대 형태의 고민을 하는 것일 뿐입니다. 양쪽 다 각자의 고민이 있습니다.

한번 생각해보죠. 조직에 외향적인 사람만 있다면 어떻게 될까요? 집중력을 요구하는 일을 제대로 못 하니 여기저기서 문제가 터질 겁니다. 반대로 조직에 내향적인 사람만 있으면, 사람들을 많이 만나며 깊은 관계를 만들어야만 하는 일도 있는데 그 일이 잘 안 돌아갈 거예요. 외향적인 사람이 일을 더 잘하고 성공한다는 말은 사상누각 같은 위험성이 깃들여진 말입니다. 오히려 내향적인 사람은 훨씬 포용적인 태도를 가지고 있어서 동료나 부하직원이 다른 의견을 제시할 때 잘 받아들이고 조직을 안정적으로 이끌어 갈 수 있습니다.

성공을 결정짓는 성격, 개방성과 우호성

　　　　　　　　그런데 연구를 보면 조직에서 성과를 달성하느냐 마느냐는 외향성이나 내향성 같은 성격이 아니라 끈기, 집중력 그리고 실력에서 가름이 났습니다. 게다가 성공한 기업인들을 프로파일링해보니 개방성과 우호성(원만성)의 적절한 조합이 더 중요한 성공 요인으로 나타났습니다.

　심리학에서 어떤 사람의 성격을 이야기할 때 자주 등장하는 것이 이른바 5요인Big5입니다. 심리학자들은 BIG5가 행동과 판단 성향을 가장 잘 구분하는 성격 특징이라고 보고 있습니다. 여기에는 개방성, 성실성, 외향성, 우호성, 신경증적 경향성이 포함됩니다. 무수히 많은 연구에서 BIG5 성격 검사를 통해 실험이나 조사에 참여한 사람들의 성격 혹은 성향을 평가하고 그들이 어떤 행동을 보이는가를 관찰했습니다.

그런데 최근에 과거에 비해 주목할 만한 추이 변화가 나타난 요인들이 있었습니다. 바로 개방성과 우호성입니다.

개방성은 새로운 경험에 대해 열린 마음을 뜻합니다. 내가 틀렸다는 걸 알게 해주는, 혹은 내가 몰랐던 새로운 사실을 알려주는 사람을 만났을 때 흔쾌히 마음의 문을 열고 교류하려는 태도를 말하죠. 따라서 개방성이 높은 사람은 상상력과 호기심이 높고 진보적인 성향을 가지고 있습니다. 개방성이 낮은 사람들은 보통 폐쇄적인 성격을 보이며 새로운 지식을 쌓는다거나 새로운 사람과 대화하는 것에 큰 관심이 없습니다.

내향적이면서 개방성이 높은 사람 중에는 과학자나 연구개발자가 많습니다. 외향적이고 개방성이 높은 사람들은 인적 네트워크를 잘 활용하는 영업 업무를 하는 사람들이 많고요.

우호성이란 쉽게 말하면 다른 사람들과 잘 지내려는 경향성입니다. 우호성이 높은 사람의 장점은 다른 사람의 마음을 이해하고 공감하는 능력이 높다는 데 있습니다. 주변 사람들과 원만하게 지내려는 욕구가 강하죠. 단점이라면 마음이 여리고 종종 귀가 얇다는 말을 들을 정도로 타인을 신뢰하는 모습을 보인다는 것입니다. 지나치게 우호성이 높으면 모든 사람과 잘 지내려고 하는 비합리적인 신념이 만들어지기도 합니다.

반면 우호성이 낮은 사람은 적대적이고 공감 능력이 떨어집니다. 자신의 욕구 충족을 위해 타인의 감정을 무시하고 타인의 고통을 이해하지도 못합니다.

20세기의 심리학 연구 논문들을 보면 사람의 성격에서 우호성과 개방성 간 상관관계가 꽤 높게 나옵니다. 우호적인 사람일수록 개방적이라는 것이죠. 얼핏 들으면 당연해 보입니다. 남들과 잘 지내려는 사람이 새로운 타인이나 새로운 경험에 더 적극적으로 뛰어들 것이라는 생각이 자연스럽게 연결되니까요. 그런데 얼마 전 동료 심리학자가 이런 얘기를 하더군요.

"예전에는 대부분 연구에서 우호성과 개방성 간 상관관계가 꽤 높게 나왔는데 요즘 연구들을 보면 그렇지 않은 경우가 더 많은 것 같단 말이야."

최근 연구 수십 개를 찾아보니 역시나 사실이었습니다. 21세기의 연구에서는 결과가 달라진 것이죠. 게다가 이런 결과는 상대적으로 더 성공했거나 긍정적인 상태에 있는 사람들에게서 강하게 나타났습니다. 그들은 우호성은 그다지 높지 않은데 개방성은 높았습니다. 그리고 이런 사람의 수가 최근 들어 점점 더 늘어나고 있었습니다. 우호성은 그리 높지 않은데도 개방성은 뛰어난 사람은 어떤 사람들일까요?

첫째, 진취적이고 기업가 정신이 뛰어나며 필요하다면 창업을 두려워하지 않는 도전정신이 높은 사람이었습니다. 둘째, 행복한 사람, 즉 삶의 질이 높은 사람이었습니다.

20세기와 21세기 사이에 어떤 변화가 있었기에 이런 차이가 나타난 것일까요? 소수의 사람이 작은 마을에 모여 살던 과거의 촌락 문화에 비해 수많은 사람이 모여 살고 다양한 변수가 존재하는 현대 사회에서는 관계의 룰이 바뀌었습니다. 삼국지의 도원결의에서 나오는 것같이 소수의 사람과 혈맹적 관계를 맺는 것은 단순한 일을 협동적으로 할 때만 유리합니다.

모든 사람과 잘 지내는 원만한 사람이 된다는 것은 비합리적이기도 하고 불가능합니다. 우호성의 수준은 적정하게 유지하되 개방성은 더 높이려고 노력해야 합니다. 그래야만 더욱 확장적으로 사람들을 만날 수 있고 그 과정에서 다양한 연결성을 확보하며 통찰력 있는 삶을 누릴 수 있기 때문이죠. 즉 자신의 작은 네트워크를 견고하게 유지하기보다는 다소 헐겁더라도 다양한 역할을 해내는 다수의 사람을 자신의 네트워크에 계속해서 유입시키는 것이 훨씬 더 적응적인 사회전략입니다. 미래에는 이런 능력이 더 강조될 거예요. 외향성이냐 내향성이냐가 아니라 높은 개방성과 적정한 수준의 원만성이 조직을 성공으로 이끌고 자신의 성과를 담보하는 열쇠입니다.

개방성이 높고
내향적인 사람의 힘

그렇다면 내가 개방성이 높은 사람인지 아닌지는 어떻게 알 수 있을까요?

내가 틀렸다는 것을 알려주는 사람을 멀리하느냐 아니냐를 알아보면 됩니다. 누군가가 나에게 무언가 불편한 얘기를 하고 지적했을 때 '아, 내가 몰랐던 사실이었네.' 하고 깨달음을 경험한 적이 있다면 당신은 개방성이 높은 사람입니다. 물론 그 상황에서 기분이 나쁘고 자존심이 상할 수 있습니다. 그 감정을 느끼는 건 이상한 건 아니에요. 다만 그때 이런 생각도 동시에 들어야 하죠.

'그래도 오늘 하나 배웠다. 하나 건졌다.'

외향성과 내향성은 잘 변하지 않는 타고난 기질이지만 개방성은 그중에서도 변동성이 커서 얼마든지 노력으로 높일 수 있습니다. 어떻게 살아가느냐 하는 삶의 태도에 따라서 개방성을 높일 수 있습니다.

저는 대학교 때까지만 해도 매우 내향적이고 개방성은 낮고 우호성은 높은 사람이었어요. 이 조합은 그다지 좋은 조합은 아닙니다. 개방성과 우호성이 적정 수준에 이르지 못하니 내향적인 사람의 패착이나 자충수가 나오더군요. 이를테면 평소에는 뒤에서 가만히 있다가 어느 날엔가는 적극적으로 행동해볼까 하고 나섰다가 오버해서 더 아픈 상처를 안고 다시 동굴 속으로 들어가는 악순환을 반복하게 되더라고요.

그렇다면 개방성은 어떻게 바꿀 수 있을까요? 내가 오늘 좀 망신스러운 일을 한 것이나 나의 말과 행동이 이상하고 틀렸다고 지적해대는, 싫은 사람을 만난 것에서 깨달은 것을 모두 기록하는 습관을 만드는 것입니다.

'쟤가 그런 말을 해서 너무 기분이 나쁘지만 그래도 나는 이거 하나 건졌어. 조금 성장한 거야.'

이렇게 나를 먼저 챙기며 내가 얻은 이익을 '이기적인 문구'로 기록을 하면 기분도 나아지고 개방성은 그만큼 높아지게 됩니다. 나중에는 실패를 경험한 날에도 기분 좋게 기록하는 경지에 오르게 되실 거예요.

제가 사용하고 있는 방법을 하나 소개할게요. 저는 열차를 제시간에 타지 못할 때가 종종 있는데요. 열차를 놓쳤을 때는 어떻게 해야 하나요? 20분 안에 환불 신청을 해야 합니다. 그러면

15% 수수료를 물고 나머지를 돌려받을 수 있습니다. 대부분은 여기서 일이 끝납니다. 그런데 그때가 실패를 복기할 수 있는 골 든타임입니다.

'영등포 로터리는 이 시간에 지나가면 15분 더 걸림.'

'서울역은 오후 4시까지 도착하려면 30분 먼저 출발해야 함.'

열차를 타고 내릴 때나 급하게 열차에 올랐을 때, 그 과정에서 느꼈던 불편함도 기록합니다. 잘 수행하지 못한 것만이 실패가 아니라 불편도 매우 괜찮은 실패 사례예요. 실패나 불편함을 기록하기 시작하면 이게 나중에 매우 요긴한 정보가 됩니다.

제가 그 기록을 잘하는 이유가 뭘까요? 바로 내향적이기 때문입니다. 그런데 제가 기록한 이 에피소드들을 사람들에게 이야기하고 다 같이 웃을 수 있는 일이 된다면 저는 외향적인 사람이라는 평가를 받을 수도 있습니다. 실제로 개그맨 중에 내향적인 분들이 많습니다. 내향적이지 않으면 사람에 대해 그렇게 세밀한 관찰을 못 하거든요. 그들은 내향적인 성격을 가지고 있는데 아주 원숙한 사회적 기술을 가진 사람인 겁니다.

뜨거운 성격 논란
외향성 내향성

여전히 많은 사람들이 외향적인 사람이 성공한다는 편견을 가지고 외향적인 성향으로 바꾸려고 노력합니다. 그런데 사실 100% 외향적인 사람은 거의 없습니다. 자신이 외향적이라고 생각하신 분에게도 저는 "당신은 내향적입니다."라고 말씀드릴 수 있습니다.

카를 구스타프 융Carl Gustav Jung은 그 유명한 책 『심리 유형Psychologische Typen』을 1921년 독일에서 출판했습니다. 내향적이라는 말이 여기에서 처음 등장하죠. 이 책에서 융은 의식의 4가지 주요 기능, 즉 감각, 직관, 사고, 감정을 제안하고 이러한 기능의 조합이 외향성과 내향성을 만들어낸다고 말합니다. 외향성extraversion은 사교적인 성격으로 관심과 마음의 에너지가 외부로 향하며, 내향성introversion은 과묵한 성격으로 관심과 마음의 에너지가 내부로 향한 태도를 말합니다. 대개 사람들은 내향적인 사람은 소심할 것이라는 편견을 가지는데, 내향성과 소심함은 관련성이 별로 없습니다.

그런데 이 외향성과 내향성은 모든 사람이 가지고 있습니다. 융은 두 가지 성향은 상호배타적이어서 번갈아 나타날 수는 있지만 동시에 공존할 수 없고, 같은 사람이 상황에 따라서 외향적일 수도 내향적일 수도 있다고 말합니다. 주로 외향성이 우위를 차지하면 외향인, 내향성이 우위를 차지하면 내향인이라고 부르지만, 100% 외향적인 사람, 100% 내향적인 사람은 거의 없다고도 했죠.

융에 따르면 내향인은 자신의 내면세계를 탐구하고 분석하는 것을 좋아합니다. 혼자만의 시간을 가지면서 자신의 내적인 일에 몰두하고 집중합니다. 그래서 말도 없고 다른 사람에게 무관심하고 함께 어울리지 않으려는 것처럼 보입니다. 외향인은 자신과 타인과 소통하고 상호작용하는 것에 관심이 많습니다. 활동적이고 사교적이고 주변의 사물이나 환경에 호기심이 많은 것처럼 보입니다.

외향적인 사람을 대략 압축해서 묘사하면 이렇습니다. 외향인이 제 강연을 들으러 왔다고 가정해볼게요. 그들은 늘 관심이 외부를 향해 있어서 한자리에 오래 앉아 있지 못해요. 15분 정도 지나면 저 바깥세상이, 외부가 너무너무 궁금해져서 나가버려요. 더 웃긴 건 15분 후에는 이제 여기가 궁금해져요. 그래서 들어와요. 왔다 갔다 하죠. 가만히 강연을 듣고 있는 내향인이 보기에는 활동적으로 보입니다. 한자리에서 강연을 끝까지 듣고 집중할 수 있다면 당신은 분명 내향인입니다. 그 상황에서는 외향성보다는 내향성이 훨씬 강한 사람입니다.

'내향적인 사람' 하면 '낯을 가리고 사람을 만나는 걸 힘들어하고 꺼린다'라는 게 쉽게 떠오르는 이미지일 텐데요. 완전한 착각입니다. 내향적인 사람은 인간의 감정에 대해서도 집중하고 잘 들여다보고 관찰하기 때문에 조심스럽고 신중합니다. 그래서 외향적인 사람에 비해서 하루에 즐겁게 만날 수 있는 사람의 수가 좀 적은 거예요. 예를 들어, 어떤 내향적인 사람이 하루에 세 명을 만나고 즐거운 시간을 보낸다고 가정해보죠. 외향적인 사람은 하루에 여섯 명을 만날 수도 있을 겁니다. 그런데 내향적인 사람이 세 명을 넘어가면 점점 힘들어지겠죠. 그때 낯을 가리고 꺼리게 되는 성향이 강해질 겁니다.

외향적이든 내향적이든 나랑 가까운 사람이나 편하게 얘기할 수 있는 사람과는 즐겁게 대화하는 게 가능합니다. 하지만 외향적인 사람에 비해서 내향적인 사람은 하루에 그렇게 즐겁게 만날 수 있는 사람의 수가 적습니다. 그런데 이게 나이 들어가면서 사회적인 기술이 발달하니까 그렇게 힘든데도 사람을 만납니다. 그때 조심해야 합니다. 그럴 때 예민해지고 오해가 생기고 부정적인 감정이 올라오게 되거든요. 외향인은 사람이나 사물로부터

오는 자극과 흥분을 즐기지만 내향인은 이 자극과 흥분을 좋아하면서도 오래 버티지 못합니다. 금방 지쳐버려요.

혼자 탐구하고 몰입하는 시간의 힘

내향적이든 외향적이든 혼자 있는 시간을 가져야 에너지가 충분해져서 이후에 사람을 만났을 때 덜 힘들어집니다. 방송인 유재석 씨가 전형적으로 아주 내향적인 사람입니다. 잘 웃고 말이 많고 사람들과 잘 어울려서 외향인처럼 보이는 이유는 사회적 기술이 훌륭하기 때문이에요. 그 사회적 기술을 잘 만들어내는 원천이 뭔지 아십니까? 혼자 있는 시간을 충분히 가지는 것입니다. 그래서 우리는 길거리에서 유재석 씨가 찍힌 사진을 본 적이 없는 겁니다. 에너지를 밖에서 얻는 게 아니라 본인의 내면에서 얻는 성격이기 때문에 집에서 혼자 시간을 보내면서 충전을 하고, 충전이 다 끝나면 그때 나와서 활발하게 방송활동을 하는 거예요.

내향적인 사람은 반드시 혼자 있는 시간을 확보해야 합니다. 가족도 명백한 타인이에요. 내 가족이 혼자 있는 시간을 가지는 것에 대해서도 존중해야 합니다. 내향적인 가족구성원이 혼자만의 시간을 가질 수 있게 배려한다든가 작은 공간이라도 독립적으로 쓸 수 있는 곳을 마련해주는 게 좋습니다.

또한 내향인은 하루에 최대로 만날 수 있는 사람의 수를 생각해두는 것도 요령입니다.

"난 하루에 세 명 이상 만나면 힘들어."

"일주일에 세 번 이상 약속을 잡고 모임을 나가면 너무 지쳐."

이렇게 자신의 상태를 파악하고 본인이 감당할 수 있는 기준을 만들어 마음의 에너지를 관리하셔야 합니다. 그 기준을 넘어가기 시작하면 다칩니다. 운동선수들이 체력은 떨어졌는데 기술만 구사할 때 부상을 입습니다. 체력도 없고 기술도 없으면 아예 시도를 안 할 거예요. 그런데 '내가 하루에 만날 수 있는 사람의 수는 이 정도이지만, 사회적 기술이 늘었으니 좀 더 만날 수 있을 거야'라며 무리할 때 번아웃이 오는 겁니다. 직장인 중에 이렇게 번아웃되는 경우가 많습니다. 조심하셔야 해요.

내향적인 사람이 가지고 있는 큰 능력이 하나 있는데 바로 상대방을 잘 관찰하는 능력입니다. 외향적인 사람은 사람을 만나자마자 "우리 뭐 재밌는 거 할까? 어디 갈까?" 하면서 분위기를 띄우며 즐겁게 하는 사교성이 있고 내향적인 사람은 상대방을 조용히 지켜보며 그 사람도 모르는 장점을 찾아낼 수 있는 관찰력이 있습니다. 개인적으로 저는 가장 좋은 점이라고 생각해요.

"경일아, 너 그거 아냐? 너 의외로 배려심 많다."

이런 이야기는 30년이 지나도 기억에 남고, 없던 배려심도 더 만들게 되는 사건이 됩니다. 내향적인 사람이 가진 최고의 능력이에요.

외향성을 선호하는 세상에 맞추느라 재미있고 웃기는 사람이 되려고 하기보다 가끔 주변 사람들의 장점을 찾아 칭찬해주는 게 더 인정받는 방법입니다. 물론 외향인도 칭찬을 잘합니다. 그런데 칭찬의 종류가 달라요. 저의 경우 결과에 대한 칭찬은 외향적인 사람에게 받았습니다. 일의 과정이나 나도 잘 몰랐던 것에 대한 칭찬은 대부분 내향적인 사람에게 받았어요. 가끔 제가 전혀 생각하지 못했던 부분을 알아봐주는 분들을 보면 '이분은 내향적인 분인데 활발한 모습까지도 보여줄 수 있는 원숙한 분이구나.' 하는 생각이 듭니다.

우리는 어떤 걸 성격이라고 하나요?

- 외향적이다. 내향적이다.
- 예민하다. 예민하지 않다(둔감하다).
- 개방적이다. 보수적이다.

- 주도권을 잡고 싶어한다. 주도권을 주고 싶어한다.

모두 대표적인 성격입니다. 사람마다 타고나는 성격은 바꿀 수 없고 평생 그 성격대로 살아야 합니다. 그렇다면 성격에 따라 재능이나 사회생활을 잘하느냐 못 하느냐도 결정되는 것일까요? 놀랍게도 성격이 인간의 사회생활에 미칠 수 있는 영향은 6~8% 정도입니다. 내 성격이 내 사회생활을 결정하지 않는다는 말입니다. 어떻게 내 성격에 맞는 사회생활을 하느냐가 중요한 것이죠.

예를 하나 들어보겠습니다. 한 심리학자가 역대 미국 대통령 44명의 성격을 프로파일한 적이 있어요. 조지 워싱턴부터 버락 오바마까지요. 미국 대통령 성격을 어떻게 프로파일링하냐고요? 대통령이 분석하기가 제일 쉽습니다. 연애편지, 일기, 학창시절 성적표, 그리고 재임기간의 기록물까지 다양하고 방대한 자료가 공개돼 있거든요.

프로파일링 결과 44명 중 31명이 사이코패틱한 성격이라고 나왔습니다. '사이코패틱'과 '사이코패스'는 다른데요. 사이코패스는 반사회적 행동을 하며 공감 능력과 죄책감 등이 결여된 인격 장애를 뜻하고, '사이코패틱하다'는 것은 '전권을 잡고 주무르고 싶은 성격을 타고났다. 모든 중요한 결정은 자기 마음대로 하려는 성격이다.'라는 뜻입니다.

44명의 대통령 중 사이코패틱 스코어가 가장 높은 사람은 바로 그 러블리했던 버락 오바마였습니다. 하지만 오바마는 그 강력한 사이코패틱한 주도성에도 불구하고 백악관에 있는 사람들이랑 잘 어울리고 먼저 다가가 인사하면서 자신만의 사회적 기술을 길렀고 그렇게 자기가 하고 싶은 대로 했습니다. 오바마는 재치 있고 부드러운 사람이었지만 일을 할 때는 본인이 추진하고자 하는 것을 강하게 밀어붙이고 끝까지 해냈습니다.

이렇게 주도성이 강한 성격을 타고난 사람이 다른 사람들과 잘 지내는 나만의 소통의 기술을 가지면 성품이 좋고 사회생활을 잘하는 사람이 됩니다. 그런데 사회적 소통 기술을 하나도 못 기르면 위험한 성격의 소유자가 되는 것이죠.

주체성 높은 내향인을 위한 삶의 지침

내향인이 원숙한 삶을 살기 위해 한 가지 더 생각해야 할 점이 있습니다. 내향적인 사람은 사람에 대한 집중도가 높아서 타인과의 대화에서 상처를 받을 일도 더 많습니다. 여기에 예민한 성격까지 더해진다면 속상한 일은 더 많아질 겁니다. 특히나 우리나라처럼 개인이 각자 주체성이 높은 나라에서는 더욱 그렇습니다.

우리나라는 전 세계에서 유일하게 내향적이고 집중력이 좋은데 주체성은 높은, 특이한 사람들이 많은 나라입니다. 주체성이란 한마디로 말해 '내가 세상의 중심'이라는 뜻입니다. 주체성이 높은 사람들은 내가 진짜 정말 최선을 다하고 온 마음을 다하면 저 상황을, 저 사람을 바꿀 수 있다고 생각합니다. 그러한 주체성이 전 세계에서 제일 높은 국민이 바로 한국 사람입니다.

그래서 우리나라 사람들이 특히나 인간관계를 힘들어하는 겁니다. 내가 상대방을 바꿀 수 있고 상대방의 생각에 영향을 미칠 수 있다고 생각하는 사람이 많은 거예요. 원래 주체성으로 1등인 민족은 유대인이었습니다. 그런데 유대인들이 연구하기 시작한 거예요. 전 세계에서 유대인이 들어와서 살지 않는 나라가 딱 두 나라가 있습니다. 그중 하나가 한국입니다. 나머지 하나는 북한이죠. 그래서 연구를 시작했다고 합니다. 일본과 중국에도 유대인이 삽니다. 일본 국적을 취득해서 일본인으로 사는 유대인은 2,300명이고 중국 국적을 취득해서 중국 국민으로 사는 유대인은 1만 1,000명입니다. 한국 국적을 취득해서 한국인으로 사는 유대인은 몇 명이냐고 물었더니 한 명도 없었답니다.

혹시 주변에 한국 국적을 취득한 유대인이 있나요? 있다면 연락 바랍니다. 제가 10년째 강연 때마다 묻고 있는데 못 찾았습니다. 우리나라에서 외국인 신분으로 거주하고 있는 유대인은 약 150명 정도 됩니다. 하지만 한국 국적을 취득한 유대인은 없었습니다. 우리나라는 유대인이 살지 않는 나라, 유대인 커뮤니티가 존재하지 않는 나라입니다. 왜일까요? 유대인보다 더 유대인 같은, 유대인보다 더 주체성과 민족 정체성이 높기 때문입니다.

유대인 주체성의 핵심은 '유대인은 유일하게 신으로부터 선택받은 민족'이라는 것입니다. 유럽인들은 그런 얘기를 들으면 재수 없어 하기도 하고 부러워하기도 합니다. 신에게 선택을 받았다고 하니까요. 그 얘기를 듣고 전 세계에서 유일하게 기분 나빠하지 않는 민족이 한국 사람입니다.

우리나라 사람들은 우리가 신을 선택하는 민족이에요. 한국인의 약 5분의 1, 즉 1,000만 명가량이 종교를 바꿔본 경험이 있다고 합니다. 외국에선 대부분 성family name과 종교는 동격으로 여깁니다. 내가 태어날 때부터 정해져 있으니 종교를 잘 바꾸지 않습니다. 우리나라 사람들은 종교를 바꾸는 것에 대해 상대적으로 열려 있습니다. 신에게 믿고 의지하기보다 자기 뜻에 맞추려고 하기도 합니다.

'내가 이렇게 열심히 기도하고 빌고 있으니 부처님, 예수님이 마음을 바꿔주세요. 우리 애 떨어질 것도 붙여주세요.'라고 합니다. 한국 사람들은 신의 섭리를 따르는 게 아니라 내가 이렇게 간절한 마음이니 신이 뜻을 바꿔야 한다고 말해요.

나의 마음을 살리는 3가지 행동

자신이 세상의 중심이 되어야 하는, 이 주체성 높은 사람들이 내성적인 성격으로 각자 사람을 만나니 우리가 얼마나 상처를 많이 받겠습니까? 한국은 천국도 사람이 만들고 지옥도 사람이 만듭니다. 여러분은 지금 지구상에서 가장 흥미진진하고 다이내믹한 나라에 살고 계신 겁니다. 서로에게 상처받기가 너무 좋은 구조입니다.

그렇다면 우리는 어떻게 살아야 편안하고 행복해질까요? 제가 철학자도 아니고 정치학자도 아닌데 우리가 상처받을 때마다 어떻게든 상처 안 받을 방법을 고안할 수는 없거든요. 그런데 정말 많은 분들이 저한테 와서 얘기합니다. 큰 병원의 병원장, 대규모 로펌의 대표변호사, 수많은 기업의 CEO들, 수많은 대학의

총장님들… 이분들이 저에게 와서 고민을 털어놓습니다. 여기 마음이 너덜너덜해졌다고요.

제가 그때마다 드리는 말씀이 있습니다. 인지심리학은 상담심리학이랑 다르게 신체 구조부터 먼저 배우고 마음의 변화가 신체에 어떻게 나타나는지 관찰합니다. 교통사고를 당해서 허리가 아플 때 진통제를 복용하면 약효가 허리가 아니라 뇌에서 나타납니다. 허리가 고통을 아는 게 아니라 뇌가 고통을 아는 것이죠. 따라서 진통제를 먹으면 허리가 아닌 뇌를 진정시켜서 통증을 완화합니다. 좌우 관자놀이를 직선으로 관통하는 부위에 전측대상회 피질ACC, anterior cingulate cortex이라는 것이 있습니다. 이는 신체적인 고통에 반응하는 것으로 잘 알려진 뇌 영역으로, 전전두엽 피질prefrontal cortex의 일부입니다. 문제는 신체적인 고통이 아니라 사람 때문에 마음을 다쳐 고통받을 때입니다. 이때는 어떻게 해야 고통이 줄어들까요?

이별하고, 갈등하고, 모욕당하고, 배신당하고, 억울하고… 이런 감정은 부자이든 가난한 사람이든, 권력이 있는 사람이든 힘이 없는 사람이든 가리지 않고 누구에게나 찾아옵니다. 특히나 인간관계가 치열한 한국 사회에서는 모든 사람이 겪는 고통스러운 감정입니다. 그래서 인지심리학자들이 다친 마음의 고통은 뇌의 어느 영역이 담당하는지를 알아내기 위한 연구를 했습니다. fMRI, PT 스캐너, ERP 같은 뇌를 촬영하는 장비를 죄다 동원했습니다. 그리고 이러한 가설을 세웠습니다.

'아주 간단히 말하면 뇌의 측면은 본능을 담당하고 앞쪽은 사회성을 담당하니, 신체적인 고통은 측면에서 인지하고, 사람 때문에 생긴 고통은 사회성과 관련이 있으니 앞쪽, 즉 전두엽에서 담당할 것이다.'

나름 합리적인 추리였습니다. 각 나라에서 연구를 진행했는데 결과를 보고 깜짝 놀랐습니다. 이별을 했든, 갈등을 겪었든, 모욕을 당했든, 배신을 당했든, 억울한 일을 당했든 간에 사람 때문에 만들어진 고통을 느끼는 영역은 전측대상회 피질이었습니다. 신체적인 고통이든 사회적으로 만들어진 감정적인 고통이든 뇌의 한 곳이 담당하고 있었던 겁니다. 그 말은, 뇌는 뼈가 부러지고 살점이 떨어져 나가는 고통과 사람 때문에 겪은 마음의 고통을 구분하지 못한다는 뜻이기도 합니다. 그렇다면 몸이 아플 때 진통제를 먹으면 점차 통증이 줄었으니 마음을 다쳤을 때 진통제를 먹으면 효과가 있을까요? 네. 효과가 상당히 크게 나타납니다.

처음엔 이 연구 결과에 대해 진위 논란이 있을 정도로 모두가 어이없어했습니다. 사기가 아니냐고 몰아붙이기도 했고요. 2010년도까지 굉장히 논란이 되었습니다. 그런데 이제는 누구도 이 사실을 의심하지 않습니다. 그 논문이 발표된 이후 지금까지 한 번도 실패 없이 관찰되었고 그사이 훨씬 더 많은 임상 사례가 나왔습니다. 사람 때문에 고통스러울 때 복용하는 진통제는 진통의 효과가 있습니다.

여러분이 오늘 사람 때문에 크게 힘드셨다면, 상대가 휘두른 둔기에 맞아서 뼈에 금이 간 것이나 마찬가지인 상태라고 보면 됩니다. 내 신체가 다친 겁니다. 그럴 때는 몸을 돌보세요. 우리는 지금까지 감정적인 고통은 정신력으로 이겨낼 수 있다고 배웠고, 그래야 한다고 믿었습니다.

지난 10년간의 연구를 살펴보면, 이 감정적 고통을 정신력으로만 이겨내려고 하는 사람들에게 일어난 변화는 의학뿐 아니라, 인지심리학과 생명공학 분야에서도 빈번하게 관찰되었습니다. 사람 때문에 크게 고통받은 날 정신력으로만 버티고 몸을 돌보지 않으면 실제로 종양이 악성화됩니다. 혈관도 아주 급속한 속도로 수축합니다. 뼈에서 칼슘이 신속하게 빠져나갑니다. 몸을 다쳤는데 병을 치료하지 않은 것과 같은 거예요. 그래서 사람 때문에 크게 고통받은 날에는 몸을 다친 사람처럼 나를 치료해야 합니다.

그럼 구체적으로 어떻게 하면 좋을까요? 사람 때문에 고통받은 날 해야 할 응급처치 방법 세 가지를 알려드리겠습니다.

첫째, 내가 좋아하는 음식을 근사하게 차려서 먹기.

아무리 돈이 많은 사람도 감정적으로 힘든 날에는 아무것도 하고 싶지 않을 정도로 지쳐버려서 싸구려 음식을 구석진 곳에서 쭈그려 앉아서 먹는 행동을 합니다. 이게 얼마나 위험천만한 행동인지 말씀드리겠습니다.

2014년과 2015년, 두 해 동안 저는 중앙심리부검센터 센터장을 했습니다. 중앙심리부검센터가 어떤 기관인지 아시나요? 경찰, 검찰, 정신과 전문의 그리고 심리학자들은 이곳을 '자살의 국과수'라고 부릅니다. 스스로 생을 마감하신 분들의 가슴 아픈 사연은 국과수에서 수사하지 않습니다. 형사사건이 아니기 때문입니다. 특히 유가족들이 너무 고통스러워하는 경우가 있습니다. 자살의 이유를 전혀 모를 때입니다. 이유를 모르면 남은 사람들이 평생 죄책감과 고통 속에 살게 됩니다. 그래서 알려드려야 합니다. 그러한 일을 중앙심리부검센터에서 하는데 여기로는 늘 어려운 케이스가 옵니다.

그런데 강인하고 지혜롭고 인간미 넘치시는 분들이 유서도 없이 자살을 하는 경우가 있었습니다. 유서가 있다 하더라도 정신이 없는 상태에서 쓴 것이라 무슨 말인지 짐작하기도 힘들었습니다. 이런 미스테리한 자살 사건을 담당하게 되면 현장에도 직접 가게 되는데 그때 가장 많이 보는 게 반쯤 먹은 컵라면입니다.

평소에 강인하고 밝아 보였던 사람이 허망하게 죽음을 선택했다는 뉴스를 보신 적 있으실 겁니다. 아무리 사회적 지위가 높고 돈이 많고 존경을 받고 있는 이들도 사람 때문에 고통스러울 때 싸구려 식사를 하면 존재가 허무하게 무너져버립니다. 사람 때문에 크게 고통받은 날은 좋은 음식을 근사하게 차려서 나를 대접하고 위로해야 합니다. 그 무엇보다도 중요합니다.

두 번째, 억지 긍정하지 말기.

사람 때문에 크게 고통받은 사람의 혈액 흐름을 촬영해보면, 시속 30~40km의 속도로 달린 자동차에 부딪힌 교통사고 환자와 같은 수준입니다. 혈액이 제대로 돌지 않는 상태에서 마음 다친 사람에게 가장 위험한 행동은 무엇일까요? 과음일까요? 과로일까요? 그것 못지않게 위험한 행동이 있습니다. 바로 '그래도 어떻게든 긍정적으로 살아보자.'라는 억지 결심입니다.

긍정적으로 사고하는 건 좋은 것이지만 문제는 '억지로' 긍정적인 행동을 하려고 하는 거예요. 전혀 긍정적인 상황이 아닌데, 주변 사람이 힘들까 봐, 내가 대범해지지 않으면 다들 무너질까 봐, 내 감정을 억압하고 숨기는 겁니다. 나의 진짜 감정을 무시하고 자연스럽지 못하게 온 힘을 다해 감추고 있는 것이기 때문에 감정을 억압하면 몸의 감각에도 이상이 생깁니다. 정신적 스트레스는 심장박동이 빨라지게 만들고 고혈압 발생 확률을 높입니다.

혈액이 안 도는 상태에선 억지로 긍정 감정을 만들어내려고 하지 마세요. 혈액순환이 잘되도록 따뜻한 물로 목욕을 하고 마사지를 받고 긴장을 풀고 마음이 다시 집중력을 찾을 수 있도록 해주세요.

셋째, 많이 자기.

사람 때문에 크게 상처받은 날은 평상시보다 더 많이 자야 합니다. 우리나라 사람들은 전 세계에서 가장 열심히 살다 보니까 무슨 일이 발생하면 잠부터 줄이려고 합니다.

"이 상황에 지금 잠이 오냐?"

이런 말을 쉽게 하죠. 그래서 힘들면 잠을 오히려 더 안 자려고 합니다. 제가 수명을 연구하는 곳에도 자주 가서 회의를 하는데요. 술과 담배보다 더 위험한 게 수면 부족이라고 합니다.

물론 마음이 괴로우니 쉽게 잠이 들진 않을 거예요. 잠자리에 들었는데 10분 이상 잠이 들지 않는다면 잠자리에서 나와야 합니다. 억지로 자려고 뒤척이면 더 잠이 안 옵니다. 다른 곳으로 가서 책을 읽거나 음악을 들으세요. 스마트폰을 보거나 TV를 보는 건 안 됩니다.

또한 늦게 잠들었더라도 아침에 일정한 시간에 일어나야 밤에 잘 잠들 수 있습니다. 햇볕을 많이 쬐며 운동을 하는 것도 도움이 됩니다. 술, 담배, 커피, 야식은 당분간 끊어야 하고요.

중요한 건 제가 말씀드린 세 가지 응급조치를 함께 실행해야 한다는 것입니다. 특히 힘든 날은 잘 먹고, 감정을 잘 풀고, 잘 자야 한다는 사실을 기억하세요. 이 행동을 최소한 3일 이상 지속해야 뇌에서 간신히 '지혈됐다', '뼈가 붙기 시작했다'는 시그널을 줍니다. 작은 행동으로 나의 마음을 잘 지키면서 나를 존중해야 합니다.

자기다움을 지키며
일하는 법

　　　　　　　　　　　　우리나라는 관계주의와 집단
주의가 강한 문화를 가지고 있습니다. 1980년대 우리나라 회사
분위기는 이러했습니다. 상사의 말 한마디에 일사천리로 움직이
고, 회사가 비상 상황이면 주말도 반납하며 일하고, 힘든 업무를
끝낸 후에는 다 같이 모여 수고를 치하하며 밤늦게까지 술잔을
기울였죠. 다 같이 일하고 다 같이 밥 먹고 상사의 말에는 토도
달지 못했습니다. 회사 일에 한마음으로 뭉치는 힘이 우리나라
경제성장 신화를 쓴 원동력이기도 했습니다. 그런데 그렇게 일해
왔던 기성세대들이 보기에 2020년대에 입사하는 신입사원들의
태도는 이해하기가 힘들 정도로 이상했습니다. 애사심이나 충
성심은 보이지 않고 자신만 생각하는 태도가 걱정스럽다고 하
더군요.

　기업이 목표를 달성하려면 많은 구성원이 목표에 공감하고
함께 노력해야 합니다. 그런 면에서 집단주의와 관계주의는 '나'
보다는 '우리'라는 정체성을 우선으로 하기 때문에 편리한 도구
입니다. 강한 결속력, 소속감 그리고 유대감으로 회사의 목표 달
성에 집중하도록 하니까요. 그런데 1980년대의 직장인은 직장

스트레스도 없이 오로지 국가와 회사만 생각하며 일했을까요? 상명하복의 군대 문화나 개인의 다양성과 감정이 무시되는 상황에 마음에 상처를 받고 스트레스를 받는 사람들이 분명히 있었을 겁니다. 다만 당시에는 그런 감정을 드러내면 약한 사람으로 낙인 찍히니 숨기기에 급급했겠지요.

조준호 전 ㈜LG 대표이사 사장은 1980년대에 회사생활을 시작한 내향인이자 개인주의자이자 원칙주의자인 회사원이었습니다. 조직에 복종해야 하고 개개인을 배려하지 않는 문화에 적응하느라 힘들었지만, 자신의 기질을 바꾸고 세상에 맞추느니 내 기질에 맞는 원칙을 세우고 그것을 지키며 성과를 내는 것에 집중하자고 마음먹고 '최연소', '초고속'이라는 수식어를 달며 승진 가도를 달렸습니다. 약 40년간 회사생활을 하며 평사원에서 대표이사까지, 직장인이 오를 수 있는 최고 지위까지 올랐습니다. 내향적이었지만 누구보다 목표에 집중하여 성과를 올렸고, 개인주의자였지만 이기주의자는 아니었으므로 성숙한 협업과 자율성을 끌어내어 공동의 목표를 달성하도록 했습니다. 사내 정치나 편법을 저지르는 수완이 없는 성격이라 바른길을 걸으며 정상에까지 이르렀습니다.

이 책을 통해 조준호 전 대표는 내향적이고 개인주의 성향이 강한 사람이 자신의 성격에 맞게 사회생활을 하며 성과를 이뤄 내는 전략을 안내할 것입니다. 나와 타인의 성격을 존중하는 마음은 기본이고요. 내향적인 성격이나 원칙을 지키며 바르게 살 겠다는 신념 때문에 불이익을 받을까 봐 주눅 들지 마시고 작은 변화를 지속해서 실천하면서 원숙하고 개방성 높은 사람으로 성장하시길 바랍니다.

차례

누구나

일을 잘하고 싶어한다.

누구나

조직에서 인정받는 사람이 되고 싶어한다.

언젠가는 높은 지위에 오르고

높은 연봉을 받기를 바란다.

성공에 관한 지식은 흔하게 널려 있고

책이나 미디어나 사람을 통해

이미 어느 정도 이해했다고 해도

실제 성공으로 이어지게 하기는 어렵다.

나는 40년 가까이 회사생활을 하며

아침마다 메모를 했다.

어제 한 일을 돌아보고 성찰하고

오늘 할 일을 기록하며 미래를 계획했다.

그렇게 매일 메모를 적으며 초심을 유지했고

나만의 방식을 정리했다.

내향적이고, 개인주의적이고, 고집 세고, 원칙을 따지는 성격이라

내가 회사에 다닌다고 했을 때 주위에선 걱정부터 했다.

회사에선

윗사람에게 잘 보이기 위해 아부도 해야 하고

사람들과 어울려 회식도 해야 하고

하기 싫은 일은 물론이고 부정한 일도 해야 한다고 했다.

하지만

나는 실력을 키우고 내 일만 잘하면

대기업에서 임원도 되고, 사장도 되고,

회사를 좋은 방향으로 이끌 수 있다는 걸 보여주고 싶었다.

그리고 내가 생각했던 대로 되었다.

개인주의자이지만 회사의 목표와 전체의 성과를 먼저 생각했고

내향적이지만 적극적으로 아이디어를 내며

생산성을 높이는 리더가 되었고

원칙주의를 포기하지 않고 바르고 곧은길로 가려고 애썼다.

누구나

일의 주인이 되고

인생의 문제를 해결하는 주인이 되면

조직에서 성공하는 인재가 될 수 있다.

40여 년간 아침마다 적은 짧은 메모에서 얻은 통찰을

이제 여기에서 이야기하고자 한다.

1장

모든 것은
기본에서 시작한다

왜 회사원으로
일하는가

나의 어릴 적 꿈은 물리학자나 로봇 공학자가 되는 것이었다. 당시 인기였던 〈우주소년 아톰〉 만화 영화를 보고 흥분했던 또래 아이들처럼 나도 로봇을 만드는 과학자가 멋지다고 생각했다. 나중에 크면 꼭 그런 과학자가 되고 싶었다. 하지만 세월이 흘러 대학에 진학할 시기가 가까워졌을 때는 현실적인 이유로 경제학과 경영학 전공을 선택하게 되었다. 그래도 마음 한편에서는 늘 로봇과학이나 첨단산업에 대한 관심을 놓지 않았다.

내향적 개인주의자에게 어울리는 회사란

나는 내향적이다. 성격으로 보았을 땐 교수나 연구원 같은 전문직이 더 잘 맞지 않았을까 하는 생각도 한 적이 있지만, 의외로 나는 여러 사람과 함께 일하는 것을 좋아한다. 함께 어떻게 목표를 달성할 것인지 논의하고, 한 단계 한 단계 추진하고 문제를 해결하고 성과를 내는 과정을 즐거워한다.

내가 사람들과 함께 일하는 것을 좋아한다는 사실은 고등학교 때 알게 되었다. 가끔 수학 선생님이 수업에 못 오시면 반장인 내가 자습 시간을 운영해야 했는데, 그때는 수학을 못하는 학생들을 도와주어야 했다. 선생님의 지시로 한 일이지만 친구들과 함께 고민하면서 문제를 푸는 게 즐겁고 재미있었다. 가르치는 기쁨도 있었지만 그보다는 친구들과 문제 해결 방향을 의논하며 공부하도록 이끌어주고, 친구들이 도움을 받았다며 고맙다고 말해주는 게 좋았다. 문제를 해결하고 실행해나가는 과정이 신났던 것 같다.

나는 개인주의자다. 그래서 너무 보수적이거나 집단주의적이거나 권위주의적인 조직에는 거부감이 있다. 대학 졸업 후 잠시 금융기관에서 근무한 적이 있었는데 그 당시 금융기관의 조직 문화는 너무 보수적이어서 답답하기만 했다. 처음 배치된 부서는 기획부서였는데 자기 의견을 내기보다는 윗사람이 어떻게 생각하는지에 온 신경을 쓰는 분위기였다. 신입사원은 선배의 심부름을 주로 했고 최소 1~2년은 지나야 의견을 내볼 수 있다고 했다. 게다가 정부 규제당국에서는 하는 일마다 간섭하고 수많은 협조 요청을 했다. 내가 하는 일의 대부분은 규제당국 실무자들을 위해 필요한 자료를 수집하고 정리해서 가져다주는 것이었다. 지금도 그런 분위기가 없지는 않겠으나 당시에는 규제당국의 보수적이고 권위적인 분위기가 숨이 막힐 정도였다. 결국 금융업계를 떠나 제조업으로 눈길을 돌렸다.

철저히 내수 산업이던 금융업과는 달리 당시 수출로 먹고 사는 제조업은 해외의 새로운 정보, 기술, 문화 등을 받아들이는 데 열려 있었다. 나라 전체가 고속 성장하면서 김우중 전 대우그룹 회장과 같은 샐러리맨 신화가 아직 강렬하던 시대였다.

'나도 어렸을 때부터 꿈꾸었던 항공산업이나 로봇산업 같은 분야에서 새로운 바람을 일으켜볼 수 있지 않을까?'

이처럼 막연한 상상만으로 첨단 기술 분야 회사를 찾아보며 어떤 기업에서 일할지 고민하기 시작했다.

내가 처음 회사생활을 시작한 때가 1980년대다. 한국이 중진국으로 자리 잡으며 고도성장을 하던 시대라서 취업 기회는 지금과는 비교할 수 없을 만큼 많았다. 그래서 유학 후 잠시 미국 회사에서 일하다 귀국하면서 당시 첨단 기술 산업이던 가전 분야 회사들을 알아보았다. 해외 유학과 외국 회사 경력 덕분인지 LG 그리고 다른 대기업에서 동시에 입사 제안을 받았다.

두 회사 모두 유명한 기업이지만 내부 문화에 대한 정보를 얻지 못해서, 인사부에 조금 당돌해 보일 수도 있는 부탁을 했다. 사무실 한쪽에 앉아 반나절을 보내면서 일하는 분위기를 살펴보고 싶다고 말했고 다행히 허락해주었다.

두 회사에서 반나절씩을 보내고 난 후, 바로 LG를 택했다. 다른 회사는 극도로 엄숙한 분위기였고 LG의 분위기는 자유분방했다. 동료들끼리 큰 소리로 의견 교환도 하고 사무실 내에서 왔다 갔다 하는 사람도 훨씬 많았다.

LG의 회사 분위기가 어수선하고 산만하다고 보는 사람도 있겠으나, 나는 LG가 훨씬 덜 권위적이고 개인의 기질을 잘 수용할 수 있는 회사라고 판단했다. 후일담이지만 만일 그때 다른 회사에 갔다면 나처럼 개인주의 성향이 강한 사람은 튕겨 나가거나 어쩔 수 없이 순응하며 불행한 직장생활을 했을 것이다.

성장과 성공의
기회가 있는 곳

아무리 내가 좋아서 선택한 직장이라 해도 회사생활이 늘 좋기만 한 것은 아니었다. 성과에 쫓겨 스트레스를 받기도 했고 상사, 동료 들과 갈등을 겪은 적도 많았다. 그렇지만 지금 돌아보면 회사원은 나에게 맞는 직업이었다. 전문직이나 사업가보다 더 성격에 잘 맞았다. 주변에 교수나 의사를 하는 친구들을 보면 사회적으로 존경받고 오래 일하고 있지만, 하는 일에 변화가 별로 없다. 10년 차나 20년 차나 하는 일이 근본적으로는 같다. 일이 지루해지다 보니 다양한 시도를 해보려고 새로운 취미를 배우는 경우가 많았다.

한편 회사는 끊임없이 도전 과제를 주고 새로운 경험을 할 기회를 제공한다. 기업은 늘 다이내믹하다. 부서가 맡은 사업을 진행하면서 수익을 내려면 환경 변화에 민감할 수밖에 없다. 늘 새로운 정보와 지식을 받아들이면서 상품과 서비스를 개선하고 원가를 낮추기 위해 노력해야 한다. 지루할 틈이 없다. 게다가 직급이 높아지고 영향력이 커지면 개인으로서는 접근할 수 없는 커다란 자원을 움직여 시장을 움직이는 대규모 사업을 진행할 수도 있다.

회사에서가 아니라면 수백억, 수천억 원이 들어가는 투자를 어떻게 자기 손으로 기획하여 집행까지 해볼 수 있겠는가? 회사에서가 아니라면 어떻게 수십 명, 수천 명의 인원을 채용하여 일하도록 하겠는가? 이렇게 회사생활을 하다 보면 세상을 바꿀 수도 있는 큰 기회들을 만나게 된다.

아직 연차도 낮고 직급도 낮아서 큰 기회를 잡을 수도 없고, 그저 시키는 일만 할 수밖에 없다고 말하는 사람들도 있을 것이다. 많은 사람들이 직급이 낮아서 시키는 대로 할 뿐 자기가 주도적으로 할 수 있는 일이 없다고 말한다.

"공식적인 권한이 없어 일이 안 되는 경우는 없다."

신입 시절 상사가 자주 하던 말이다. 40년 정도 직장생활을 하고 보니 그 말은 정말 맞는 말이었다. 2000년대 초반 LG전자의 휴대폰 사업이 후발 주자로서 국내 시장에만 갇혀 열세를 면치 못하고 있을 때 미국 시장에 뛰어들도록 최고경영진을 설득한 것도, 구체적인 상품개발 체제를 설계하고 추진시킨 것도 당시 일개 부장이었던 나였다. 권한이 있어서가 아니라 권한을 가진 임원들을 설득하고 실질적인 방법을 제시해서 일을 만들어 냈다. 뒤에서 더 자세히 말하겠지만 조직에서 일하는 방법을 연구하고 터득하면, 일하려는 사람을 방해하는 일은 거의 없다고 보면 된다. 또한 회사에서는 다양한 업계의 사람들과 만날 기회도 더 많이 얻을 수 있다. 수많은 훌륭한 사람들과 함께 일하면서 나를 성장시킬 수 있다.

역경의 시대를 살면서도 나를 정진시키고 나다운 인생을 살아가는 최고의 방법은 나와 맞는 회사에서 일하며 최선의 노력을 다하는 것이 아닐까 생각한다.

회사에서는 끊임없이 새로운 경험을 할 수 있고,

일을 하다 보면 크고 작은 기회들을 많이 만나게 된다.

회사는 수많은 훌륭한 사람들을 만나고

내가 성장할 수 있도록 도움을 주는 곳이다.

일을 잘한다는 것
– '완벽하게'를 넘어 '완전하게'

회사에서는 수많은 사람들이 매일 열심히 일을 한다. 그런데 그 중 일을 '잘한다'고 평가받는 사람은 얼마나 될까? 지금 당신의 직장 동료 중에서 정말 일 잘하는 사람이라고 떠올릴 만한 사람이 있는가? 별로 없을 것이다. 큰일을 맡겼는데 작은 문제에 집착하다가 일을 진전시키지 못하는 사람이 있는가 하면 작은 일을 맡겼을 뿐인데도 엄청난 변화와 성과를 만들어내는 사람도 있다.

왜 이런 차이가 나는 것일까? 큰 성과를 만들어낼 줄 아는 사람은 '완전하게 일하는 방법'을 터득했기 때문이다.

아주 사소한 일도
빛나는 일이다

1984년 여름, 나는 미국에서 MBA를 마치고 미국 현지 회사에 취직했다. 미국에 본사를 둔 세계적인 제약업체이자 소비재 제조업체인 존슨앤드존슨Johnson & Johnson Product Inc.이라는 회사였다. 처음으로 배정받은 팀은 존슨앤드존슨 덴탈 플로스 프로덕트팀이었다. 소비재를 만드는 회사는 대부분 브랜드팀이나 프로덕트팀의 브랜드 매니지먼트를 중심으로 움직인다. 프로덕트 매니저(브랜드 매니저)가 해당 제품에 관한 상품개발, 마케팅, 생산계획 등 사업을 총괄하여 책임지며 마치 작은 기업의 사장처럼 회사를 운영한다. 주요 의사결정에 대해서만 상급자에게 승인을 받는다.

내 상사는 소비재 마케팅의 명문 P&G, 즉 프록터앤드갬블The Procter & Gamble의 브랜드 매니저를 하다가 영입된 인재였다. 능력도 뛰어난데 자상하기까지 하여 기꺼이 나에게 여러 가지 조언을 해주곤 했다.

내가 담당했던 가장 중요한 일은 매달 AC닐슨에서 들어오는 지역별 시장 점유율 데이터와 고객불만처리 부서에서 받은 고객불만 통화 관련 데이터를 분석하여 보고하는 것이었다.

그때 나는 두 번의 큰 실수를 통해 커다란 교훈을 얻었다.

인간은 실수한다
고로 배우고 성장한다

문제가 터진 것은 며칠 휴가를 보낸 후 복귀한 첫날이었다. 인사를 갔더니 상사가 문을 닫고 와서 앉으라고 했다. 표정을 보니 좋은 일이 아닌 게 분명했다. 얘기를 듣고 나서는 정신이 아득해졌다. 휴가 가기 전에 제출한 지역별 시장 점유율 데이터 분석 내용 중에 앞뒤가 안 맞는 부분이 있었던 것이다. 이를 확인하느라 상사가 원 데이터를 전부 가져다 놓고 처음부터 다시 점검했더니 가로세로 합산이 전혀 맞질 않았다고 했다.

지역별 소계와 분석을 위한 총계를 계산하다가 내가 어디에서인가 숫자를 몇 개 빼먹은 것이었다. 그러니 그 총계와 소계를 기반으로 한 모든 분석은 엉뚱할 수밖에 없었다. 다행히 상사가 먼저 오류를 발견해서 위에까지 보고되지는 않았지만 상사는 밤을 새우면서 모든 계산을 새로 해야 했다. 좌우지간 엄청나게 혼이 났다.

나는 그때까지 내 일은 데이터를 분석한 결과물을 데드라인에 맞춰 제출하면 끝이라고 생각했다. 숫자를 다루는 작업은 단조롭고 지루하기도 해서 이 작업이 왜 중요한지 인식하지 못하고 있었다. 그저 어떻게든 빨리 끝내는 것만 생각했다.

사실 좌우, 위아래의 소계와 총계만 확인해도 전체 계산이 잘 맞는지를 알 수 있는데 그런 것조차 확인하지 않았으니 터질 것이 터지고 만 것이었다. 그날 혼내는 말끝에 상사가 한 얘기가 오늘에도 생생하다.

"내가 보기에, 준호는 배우려는 의지도 강하고 호기심도 많아요. 자발적으로 많은 일을 해줘서 도움을 많이 받고 있습니다. 하지만 'student mentality'를 고치지 않으면 회사에서 큰 역할을 하는 사람이 되기 어렵습니다."

"student mentality가 뭔가요?"

"자신이 맡은 일을, 마치 학교에서 기말 과제를 하듯이 데드라인까지 제출해버리고는 잊어버리는 것이죠. 회사에서는 어떤 일이든 맡은 일에 대해서 'complete work'를 해야 합니다."

어떤 일을 할 때는 '처음부터 끝까지' 책임지고 일을 완수하는 마음가짐을 가져야 한다는 뜻이었다. 문제를 발견하는 사람, 문제해결에 이르는 방법을 찾는 사람 그리고 일이 되게 만드는 사람이 되어야 한다고도 했다. 첫 직장에서 받은 첫 질책이었다.

일하는 사람의 태도가 어떠해야 하는지를 그제야 깨닫고 정신이 번쩍 들어서 반성을 많이 했다. 미국에서 MBA까지 마쳤음에도 나는 그저 시키는 일을 하는 사람에 불과했던 것이다. 하지만 'complete work'의 의미를 완전히 깨닫게 된 것은 한 가지 사건을 더 겪은 후였다.

계산 오류 사건 며칠 후, 사장이 나에게 직접 전화를 걸어 지난달 시장 점유율 분석 보고 내용 중 디트로이트 지역의 점유율이 크게 떨어졌는데 원인이 무엇이고 대책이 무엇인지를 물었다. '입사한 지 1년도 안 된 신입사원에게 그런 걸 묻다니…. 상사에게 할 전화를 잘못 건 게 아닌가?' 하고 의심했지만 분명 나에게 건 전화였다. 회사가 일을 맡길 때는 의미 없는 일이 없다. 단순히 숫자 계산만 시킨 것 같지만 해당 제품의 시장 점유율 동향 전반에 대해 파악하고 대응 방안까지 고안하기를 기대한 것이다.

perfect work를 넘어 complete work로

이 두 가지 경험은 일에 대한 시각을 완전히 바꾸는 계기가 되었다. 일단 일은 한번 맡으면 그 일의 품질과 수준에 대해 완전히 책임져야 한다. 일의 기본이다. 주어진 일이 단순하다고 하여 거기에서 그치는 것이 아니라 내가 하는 일이 어디에 쓰이는 것인지, 그다음엔 어떻게 진행되어야 하는지까지 생각하여 필요한 조치를 하고 제대로 된 결과를 만들어내야 한다. 앞부분을 '완벽하게 일하기perfect work'라고 한다면 뒷부분은 '완전하게 일하기complete work'에 해당한다.

어떤 일을 맡든 그 일의 궁극적인 목적이 무엇인지를 늘 생각해야 한다. 그러면 자연스럽게 일의 주인은 나 자신이 된다.

회사가 맡기는 일에

의미 없는 일은 없다.

한번 맡은 일은

그 일의 품질과 수준에 대해

완전히 책임져야 한다.

일의 기본이다.

회사의 주인은 아니어도
내 일의 주인은 될 수 있다

시켜서 일을 하는 것과 스스로 일을 하는 것은 마음이 다르다. 당연히 자기주도성을 갖고 일해야 훨씬 즐겁고 만족감도 크다. 예전에는 회사에서 주인의식을 가지고 일해야 한다는 말을 많이 듣곤 했는데 요즘은 그런 얘기를 잘 하지 않는 것 같다.

"내가 회사의 실제 주인이 아닌데 주인의식을 가지라니…. 월급받는 만큼만 일하면 되는 거지. 사장이 노동 착취하려고 가스라이팅하는 거 아닌가?"

주인의식을 가지라고 하면 대개 이런 반응이라고 한다. 일리 있는 주장이다. 주인은 24시간, 주7일, 365일 내내 일에 대해 고민하고, 잠을 자면서도 회사를 생각하고, 같은 일도 몇 번씩 점검한다. 자기 회사이고 자기 일의 주인이니까. 직원에게 자신처럼 똑같이 일하라고 요구하는 것은 잘못이다.

프로는 마음가짐이
달라야 한다

그렇지만 그럼에도 불구하고 나는 자기 일에 대한 주인의식이야말로 이 시대에 회사생활을 하는 사람에게 가장 필요한 덕목이라고 생각한다. 과거에는 조직 구성원으로서 조직이 시키는 대로 성실하게 일하는 것으로도 충분했다. 지금은 개개인이 프로페셔널professional로서 능력을 발휘하며 자기 일의 성과를 책임지고 수행해야 하는 시대다.

자기 일의 성과에 책임지려면 자기가 맡은 일을 열심히 하는 것만으로는 부족하다. 전체 일을 보고 그 가운데 자기가 맡은 부분을 봐야 한다. 전체 일이 자신의 공식적인 업무 범위가 아니라 해도 전체 그림을 시야에 넣고 주변과 협력해야 자신의 성과를 크게 높일 수 있다.

자기한테 맡겨진 공식적인 일만이 아니라 그 일을 필요로 하는 전체 일의 성과를 높이는 것을 자기의 일로 삼는 것이다. 일의 주인이라는 마음으로 전체 일을 보고 그 성과를 높이려고 애쓰다 보면 어느새 더 큰 프로젝트의 책임을 맡아도 될 만큼 자신의 그릇이 커졌다는 것을 깨닫게 될 것이다. 이렇게 보면 일의 주인이 된다는 것은 앞서 얘기한 '완전하게 일하기'와 맥이 통한다.

이제 막 사회생활을 시작해서 뜨거운 에너지로 일하는 20~30대 직원들은 '내가 일에서, 이 회사에서 얼마나 성장할 것인가' 하는 성장욕구만큼이나 '내가 한 일에 대해 얼마나 인정받을까' 하는 인정욕구도 강하다. 아무도 나를 알아봐주지 않고 조직이 나에게는 관심이 없을까 봐 불안해하기도 한다. 하지만 직속 상사나 주변 동료들은 실제로 누가 가장 크게 공헌했는지 다 알고 있다. 그러니 너무 인정받으려고 무리하게 애쓸 필요는 없다. 인정받는 것에 매몰되지 말고, 그 강한 인정욕구를 동기부여 에너지로 잘 전환하면 된다.

한편 자기 기여와 성과에 대해서는 정확하게 정리해두는 것이 좋다. 특히 연말에 성과를 평가하는 자리에서는 상사에게 자신의 성과를 간결하고 명확하게 전달한다. 회사의 공식적인 인사평가 시즌이 아니더라도 몇 주에 한 번 정도 자신의 성과를 문서로 정리하고 성찰하는 것이 일의 생산성을 높이는 좋은 방법이기도 하다. 기대되는 성과를 말이나 글로 명쾌하게 정리할 수 없는 일은, 관행적으로 해왔기 때문에 필요 없는 일일 가능성이 높다.

성과를 주장할 때 피해야 할 부분은 자기 일을 과장하는 것이다. 여러 사람이 협력하여 이룬 일인데 기여도가 낮은 직원이 자기가 가장 큰 기여를 한 것처럼 포장하여 말하는 경우가 있다. 상사가 정확히 모를 것으로 생각해서 하는 행동인데, 성과 리뷰는 상사 혼자 하는 것이 아니라 동료, 관련 부서 사람들 등 여러 사람들이 함께 진행한다. 수많은 면담을 하다 보면 동료들이 인정하는 진짜 기여자가 누구인지는 자연스럽게 드러난다.

설혹 당장 진실이 드러나지 않아 거짓으로 보고한 사람이 일시적으로 이득을 본다고 해도 시간이 흐르면 가짜 실력이 들통 나서 조직 내에서 신뢰를 잃을 수밖에 없다. 거짓으로 인정욕구를 채우며 자기중심적인 생각에 사로잡히면 인간관계에서도 문제가 생긴다. 자신의 성과를 주장할 때는 동료들의 기여를 칭찬하면서 자신의 기여를 알리는 것이 가장 좋다.

1980년대 조직에서
개인주의자로 살아남기

나는 어려서부터 '이거 해라. 저거 해라.' 하며 참견하는 말을 듣는 게 싫었다.

"아버지가 일찍 돌아가셨으니 네가 공부 잘해서 고생하시는 어머니를 잘 모셔야 한다."

집안 어르신들의 부담스러운 말씀을 하도 들어서 그런 것인지도 모른다. 그래서 내가 생각하는 대로 공부하고, 내가 생각하는 대로 살기를 늘 원했다. 한 친한 친구는 이런 나를 보고 개인주의가 강하다고 하고 어떤 친구는 자유로운 사람이라고 했다.

그 때문인지 내가 사회생활을 시작하면서 가장 먼저 부딪힌 벽이 명령 체계에 적응하는 것이었다. 회사는 친목 단체가 아니니 목표를 달성하도록 지시하는 상사가 있고 그에 따른 의사결정 체계가 있다. 존슨앤드존슨에서 일할 때 만난 첫 번째 상사는 일의 목표만 정해주고 일 처리 방법은 믿고 맡기는 스타일이었다. 가끔 진척 보고를 하면 따끔하게 혼내거나 조언을 하는 정도였다. 그러면 스스로 문제점을 고치고 분발하는 계기로 삼았다. 일하는 방식이 문제가 된 적은 없었는데 한국은 달랐다.

한국 회사에 입사하고 보니 문제가 드러나기 시작했다. 1980

년대 후반 한국 기업의 조직 문화는 상명하복과 집단주의 그 자체였다. 아직도 그런 문화가 완전히 사라지지 않았는데 1980년대의 직장인은 싫든 좋든, 일의 방향이 자기 생각과 맞든 안 맞든, 상사가 시키면 무조건 해야 했고 그것에 대해 따지는 사람도 없었다. 상사의 취향에 따라 매일 저녁 술자리에 가고 주말에는 산행을 했다. 참석을 안 하면 이상한 사람이 되는 분위기였다.

나는 한국식 조직 문화에 적응하는 것도 만만치 않았지만 그보다 일에 대한 주도권을 가질 수 없다는 것이 더 힘들었다. 상사의 별 의미 없어 보이는 업무 지시, 그로 인한 장시간 야간 근무 그리고 동료와의 보이지 않은 경쟁과 견제에도 지쳐 갔다.

터널 시야에서 벗어나 전체를 보라

그렇게 몇 개월을 보내는 동안 한 가지 이상한 점을 발견했다. 신기하게도 일을 하면서 일 전체를 보고 전체 성과를 높이기 위해 앞으로 무엇을 개선해야 할지 따지고 고민하는 사람이 없었던 것이다.

일을 전체적으로 조망하며 사업의 방향을 예측하고 분석하면 문제점이 보인다. 문제점이 보이면 해결방안을 준비해야 한다.

'상황이 가시화되기 전에, 문제가 발생했을 때의 영향과 필요한 조처를 미리 생각해놓는 것', 나는 이를 '생각의 리더십'이라고 불렀다.

이때 기회를 잘 이용해야 한다. 적정한 시점에 문제와 해결방안을 함께 제시하면 상사나 동료 모두 별다른 이견 없이 따른다. 물론 여기에 잘난 척하는 것처럼 보이지 않는 스킬이 필요하다. 문제를 제기하는 목적은 누군가를 곤경에 처하게 하거나 내가 돋보이려는 것이 아니라 조직의 목표를 달성하기 위한 것임을 잘 알려야 한다.

그렇게 내가 맡은 일을 하면서 늘 '생각의 리더십'을 적용하다 보니 점차 일에 대한 주도권을 가지게 되었다. 상사의 말만 따르고 시키는 일만 기계적으로 하면서 주도권이 없다고 한탄만 하다가는 피해의식과 망상에 시달리게 된다. 아무것도 하지 않으면 아무 일도 일어나지 않는다.

해외영업부서에서 신입사원으로 일했을 때도, 이후 본사기획부서, 경영혁신부서를 거쳐 사업책임자가 되었을 때도, 나는 늘 이 습관을 적용했다. 일이 나의 주인이 되는 것이 아니라 내가 일의 주인이 되면서 회사생활이 훨씬 재미있어졌다. 같은 부서 동료나 상사는 물론 관련 부서 사람들도 내 일에 도움을 줄 수 있는 잠재적 협력자로 보이기 시작했다. 그래서 그들과 경쟁하기보다는 함께 전체 일의 성과를 높이는 방법을 의논하고 방향을 제시하고 실행을 협의하고 싶어졌다. 일에 대한 주인이 되기 전에는 누가 내 업무에 간섭하거나 이것저것 지시할까 봐 두려워했는데 엄청난 변화가 일어난 것이다.

초기에는 시행착오도 많았다. 상사의 일을 침범한다든지 관련 부서 일에 월권한다는 오해를 사기도 했다. 이런 경우는 잘 봐줘야 오지랖 넓은 실없는 사람이 되고, 심하면 위아래 없고 앞뒤 모르는 건방진 사람으로 낙인찍힌다. 나의 업무와 관련된 사람들을 중심으로 소통을 하고, 나의 드라이브보다 관련자들의 협업이 중심이 되어야 한다는 것을 점차 터득했다. 그렇게 협업을 통해 일의 환경을 조금씩 변화시키고 성과를 만들어갔다. 성과가 가시화될 때쯤이 되면 동료들은 "언제 우리가 이렇게까지 변화했지? 우리 대단하다!" 하며 감탄하곤 했다. 이렇게 조직을 변화시켜 성공으로 이끄는 경험을 여러 번 했다.

그러나 회사생활을 하다 보면 통제 성향이 강한 상사를 만날 때가 있다. 구체적 보고를 자주 하라고 요구하고 지나치게 세부적인 업무까지 일일이 지시하는 상사와는 잘 지내기가 쉽지 않다. 이럴 때는 도리가 없다. 할 수 있는 만큼 맞춰주면서 다른 상사를 만날 때까지 기다려야 한다. 속으로 '이 또한 지나가리라.'라고 되뇌면서…. 분명 이 또한 지나간다.

나에게 맡겨진 일뿐만 아니라

그 일이 어떤 일에 포함되는 것인지 생각하고

전체 일의 성과를 높이는 것을

목표로 삼아야 한다.

나다움을 잃지 않기 위한
삶의 원칙

'odd man out'이라는 말이 있다. 문자 그대로 해석하면 '이상한 사람'이지만 일반적으로는 '다른 사람'을 가리킨다. 따돌림의 개념은 아니고 조직이나 그룹 내 사람들과는 다른 의견·특성·속성을 가지고 있는 사람을 비유하는데, 남들과는 구별되는 특징이나 행동 패턴을 가지고 있어서 그룹에서 동떨어진 사람을 뜻한다. odd man out은 나에게 참 잘 맞는 말이다. 평생 원칙을 추구하는 개인주의자로 살았으니 말이다.

내가 사회생활을 시작했던 때의 직장 문화는 집단주의와 계급 구조가 강했고 조직 충성도도 중요하게 여겼다. 명확한 직급 체계에 따라 상급자와 부하직원 간의 권력과 지위 관계가 만들어졌고, 상사의 지시나 명령에는 의심 없이 따르는 것이 일반적이었다. 그것으로 조직의 충성심을 증명했다.

급속한 경제성장과 산업화가 진행되던 시절이었기 때문에 내 일이 끝났어도 늦게까지 사무실에 남아 동료의 일을 돕는 것도 당연하게 여겨졌다. 거의 매일 퇴근 후에 동료들과 함께 저녁 식사나 회식을 했고, 복장이나 헤어스타일까지 비슷하게 유지했다.

그런데 나는 철저한 개인주의자였다. 뭐든지 한번 꽂히면 누가 뭐라 하든 그렇게 하고 개인의 취향이나 사생활에 간섭받는 것을 싫어했다. 물론 나도 다른 사람의 취향과 판단을 존중하여 간섭하지 않았다.

1980년대 중반은 장발의 시대였지만 나는 케네디 대통령을 좋아하여 '케네디 컷Kennedy Cut'이라고 불리는 짧은 머리를 유지했다. 휴일에 상사가 주최하는 활동에도 전혀 참여하지 않았다. 꼭 필요한 일이 아니면 술자리도 안 가고 상사나 동료와 친분을 만들려 애쓰지도 않고 회사와 직간접 관련된 사람들과는 절대 선물을 주고받지 않았다. 해외 지사 임직원이 귀국할 때 가져오는 자그마한 선물도 안 받았다.

무슨 대단한 철학이 있어서가 아니다. 복잡한 대인관계를 만들고 싶지 않았고 아무리 작은 선물이라고 해도 거기엔 기대감이 담겨 있게 마련이니, 감사 표시를 해야 하는 의무감이 부담스러웠을 뿐이다. 그래서 별명이 '슈퍼 드라이'였다. 당시 인기 있던 맥주 이름을 딴 것이었다.

나중에 고위직 임원이 되어서는 외부 인사와의 골프 모임이나 식사 모임을 자주 가지긴 했다. 골프나 식사 같은 모임에서는 사람에 대한 평판을 듣거나 중요한 결정을 하는 경우가 많다. 파트너사와의 협업과 소통, 기업 홍보 등에 필요한 업무의 연장이었을 뿐 개인적으로 친분을 쌓으려는 목적은 없었다.

나는 사람들과 함께 일하는 건 좋아했지만 일이 끝난 후에까지 어울리는 것은 힘들어했다. 사람들 중에는 다른 사람들과 어울리면서 에너지를 충전하는 사람도 있지만 혼자만의 시간을 가져야 다시 충전되는 사람도 있다. 내가 그랬다. 그저 조용히 책을 보는 게 다였지만 그 고요한 시간이 필요했다. (집에 와서 아이들과 놀아주는 것도 건성건성 하고 친지들이 방문해도 인사만 하고 방에 들어가 책만 봐서 두고두고 가족으로부터 원망을 듣기는 했다.)

원칙주의자의
지혜로운 회사생활

　　　　　　　　지금은 개인의 취향이 존중되
는 시대이지만, 나는 그 당시만 해도 조직에서 보기 힘든 유형의
사람이었다. 조직에서 오래 버티기 어려울 것 같은 성격이었다
는 뜻이기도 하다. 그런데 무려 40년 가까이 그렇게 회사생활을
했다. 한때 동료 사이에서는 '저 친구가 얼마나 오래 직장생활을
할까?' 하는 내기도 했었다고 한다.

　성격이 이렇다 보니 내 나름대로 직장에 적응하면서도, 살아
남을 방법을 궁리했다. 나의 기질에 맞는 직장생활을 하고 싶어
서 몇 가지 원칙을 만들었다.

　첫째, 정직할 것. 나의 가장 중요한 원칙이기도 하다. 적어도
업무에 관해서는 나에게 불리한 일도 그대로 보고하고 문제를
해결할 방법을 함께 제시했다. 누구나 자신에게 유리한 것은 널
리 알리고 싶어하고 불리한 것은 숨기려고 한다. 대부분의 사람
들이, 직접 거짓말은 하지 않더라도 불리한 사실을 숨기며 정보
를 왜곡한다. 나는 불이익에 대한 불안과 두려움을 극복하고 늘
사실대로 보고했다. 정직하다는 것은 자신에게 불리해도 회사
에 도움이 되는 방향으로 행동한다는 뜻이기도 하다. 개인적으

로 가장 마음이 불편했던 경우는 아무리 합리화하려 해도 상사가 지시하는 방향이 회사에 도움이 되지 않는다는 생각이 들 때였다. 이럴 때 용기를 내어 방향을 트는 것은 솔직하고 정직한 행동이다. (물론 직장생활하는 동안 솔직히 타협을 할 때도 있었다. 그래도 최대한 피해를 줄이려고 여러 궁리를 했다는 것을 위안으로 삼는다.)

둘째, 정해진 원칙을 제대로 지킬 것. 여기에서 원칙이란 법은 물론이고 회사의 규정이나 정책 등을 모두 포괄한다. 원칙을 제대로 지킨다는 것은 원칙의 취지를 왜곡하지 않고 그대로 적용한다는 뜻이다. 원칙을 편의에 따라 제멋대로 해석한다든지 자신에게 유리하게 해석하면 안 된다. 예컨대 규정을 취지와 다르게 자의적으로 해석하여 특정 업체를 납품 업체로 선정한다든지, 시장을 주도하고 있는 리딩 업체의 가격을 실시간으로 입수하여 자사 가격을 그에 맞추어 실질적으로는 가격 협의를 하는 것과 같은 결과를 만든다든지 하는 것들이다. 기업이 가격 설정에 대해 경쟁사와 협의하는 것은 경쟁법에 위배되는 비윤리적인 행위다.

그리고 이 원칙은 누구에게나 똑같이 적용해야 한다. 권력자나 자기와 가까운 사람들에게는 원칙을 편의적으로 적용하고 약자나 자기가 싫어하는 사람에게는 매우 가혹하게 원칙을 적용하는 사람이 의외로 많다. 우리나라의 일부 권력자들은 특권적인 사고방식 때문인지 자기는 예외라고 생각하는 경우가 있다. 옛말에 위에서 한 가지를 안 지키면 아래에서는 열 가지를 안 지킨다고 했다. 그래서 나는 강박에 가까울 만큼 정해진 원칙을 지키려 애썼다.

셋째, 성과로 승부할 것. 권력자에게 잘 보이거나 인맥이나 파벌을 통한 특혜를 기대하지 않고 맡은 일에서 성과를 내고, 보상은 그 성과에 대해서만 기대한다. 성과가 나쁘면 개인적 손해는 기꺼이 감수해야 한다. 어차피 누군가에게 잘 보여서 줄을 잡고 올라가기는 어려운 성격이니, 일찍 승진하려면 누구도 부인하지 못할 큰 성과를 내는 수밖에 없다고 생각했다. 그래서 새로운 직책을 맡을 때마다 성과를 한 단계 높일 수 있는 방법을 가장 먼저 고민해서 승부수를 던지곤 했다. 결국 임기 중에 큰 성과를 냈고 그 덕분에 빨리 승진할 수 있었다.

기본과 원칙은
철저히 지켜야 한다

써 놓고 나니 내가 봐도 한숨이 나온다. 개인주의도 모자라 손해 볼 것을 뻔히 알면서도 정직하게 말하고, 권력자의 지시라도 옳지 않다고 생각되면 딴 궁리를 하고, 성과로만 승부를 본다니 이게 다른 사람에게 해보라고 권할 만한 일이긴 한 건가 싶어서다. 이 중 하나만 해도 답답한 사람이라느니, 같이 일 못 할 사람이라는 말을 들을 텐데…. '나 때는' 이렇게 하니 일이 풀리더라고 말하기에는 요즘 세상이 너무 녹록지 않다. 직장생활을 잘하려면, 눈치도 있어야 하고, 사람들과 문제없이 지내려면 적당히 사교적이어야 하고, 소통을 할 때도 '기술'을 써야 한다고 하고, 성격도 바꿔야 살아남는다고 소리 높인다.

그렇지만 꼭 시끄러운 세상의 요구에 따를 필요는 없다. 세상에 맞춰가기 위해 나답지 않은 행동을 하며 불편하게 사는 것보다 나의 기질에 맞게 살되 열심히 성실하게 살기로 마음먹은 사람도 있을 것이다. 내향인, 개인주의자 그리고 철저한 원칙주의자였던 나도 직장생활을 잘 해냈다. 나보다는 조금 더 수용적일 당신은 더 현명하게 직장생활을 할 방법을 터득할 수 있을 것이다.

시끄러운 세상과 타협하기 싫은 내향적인

개인주의자가 조직에서 살아남는 법

첫째, 정직하라.

나에게 불리한 일이어도 숨기지 말고

회사에 도움이 되는 방향으로 행동하라.

둘째, 정해진 원칙을 제대로 지켜라.

예외 없이 자비 없이 윤리적으로 행동하라.

셋째, 성과로 승부하라.

사람을 믿지 말고 내 실력을 믿어라.

회사는 원칙주의자를
필요로 한다

"○○ 산하 A 부장을 이번에 임원으로 추천해주셨으면 합니다. 높은 분이 특별히 부탁한 것이니 곤란하지 않도록 꼭 처리해주세요."

"이번 신입 지원자 중 B는 꼭 합격시켜야 합니다."

"C 외주 업체는 저와 긴밀한 관계이니, 신경 써서 물량을 많이 배정해주세요."

직장생활을 하다 보면 한 번쯤은 이런 종류의 압력을 받게 된다. 이때 대부분의 사람들은 차마 단호히 거절하지 못하고 적당히 사정을 봐주고 타협을 하면서 일한다. 적당히 정도가 아니라 적극적으로 권력이나 돈 있는 사람들에게 영합하고, 작은 권력이라도 가지게 되면 이를 이용해 각종 편의를 다른 사람에게 요구하는 사람도 많다.

세상은 영악하니 손해 안 보고 살려면 적당히 구부리며 살아야 사회생활을 잘하는 거라고들 한다. 규칙은 원래 좀 안 지키는 것이 상례라는 얘기도 한다. 이런저런 세상 물정 관련 얘기를 많이 듣기는 했으나 나는 규칙에 어긋나는 일이 아니어도 취지에 맞지 않는 편법을 쓰면 용납하지 않았다. 융통성이 없는 원리원칙주의자이다 보니 같이 일하는 상사나 동료들은 많이 답답했을 것이다.

예전에는 급하게 일을 처리해야 할 때 '급행료'를 내고 적당히 새치기하는 경우가 있었다. 요즘 사람들은 '급행료'에 '새치기'라니 무슨 소리인가 하겠지만 과거에는 우리나라에서도 관공서에서 서류를 발급받아야 한다든지 가벼운 법 위반을 했을 때 뇌물을 주고 편의를 봐달라고 하는 경우가 있었다. 그런데 나는 편법으로 일 처리를 한 적이 거의 없었다. 정의감이 투철해서가 아니라 그렇게 하는 것이 불편했기 때문이다. 물론 나도 가끔은 이러다 불이익당하는 것 아닌가 하는 두려운 마음이 들어 윗사람의 청탁을 받아들여야 할 때도 있었지만 그런 경우도 최대한 실행을 미루며 청탁한 일이 성사되지 않기를 바랐다. 그때는 수동적으로 저항하는 것밖에 할 수 없었다.

실력과 성과는 가장 강력한 무기

이렇게 융통성 없이 살았기에 조직에서 필요로 하는 인재로 살아남으려면 내 실력으로 성과를 내야 했다. LG 입사 후 처음 배치받은 부서는 해외영업본부였다. 해외영업은 객관적 실적이 전부다. 오죽하면 "실적이 인격이다."라고 했을까.

중고등학교와 대학교 때까지 공부를 잘해서 대기업 입사까지는 잘 통과했는데 문제는 공부를 잘했다고 해서 영업 성과를 잘 올리는 게 아니었다. 나름대로 성과를 많이 개선해 나갔지만 매월 해외영업 총책임자 앞에서 전 관리자가 모여 실적을 보고하는 자리에서 눈에 띌 정도는 아니었다. 그래서 회사에서 필요한 실력을 키우고 성과를 내는 데 미친 듯이 집중했다. (그 당시에 맡고 있던 미국 시장 판매를 늘리려면 고객들이 찾을 만한 고급 사양 제품을 미리 개발해서 거래선을 개척해야 했다.)

고급 사양 제품에 필요한 기술 역량도 부족하고 고객 경험이 없다 보니 시장조사하랴, 못하겠다고 하는 개발팀을 격려하고 설득하랴, 잠재 거래선 발굴하느라 출장 가랴, 그야말로 눈코 뜰 새 없이 일했다. 인맥을 활용하거나 요령 부리는 것을 애당초 못 하니 좋은 점도 있었다. 오직 일과 실력 쌓기에만 몰입했고, 그 것으로 두려움과 불안감을 달랬다.

쉬운 길보다
바른길로 가라

조직에는 실력만 받쳐준다면 권력이나 개인의 이해에 흔들리지 않고 원칙을 지키는 사람이 갈 자리가 상당히 많다. 우리나라 사회에서 처세에 능하고 대외적으로 인간관계를 능숙하게 잘한다는 사람 중에 상호존경과 신뢰를 바탕으로 교제하는 사람은 많지 않다. 원칙을 벗어나는 특혜 주고받기를 일삼는 경우가 대부분이다.

권력을 가지면 일에 사익이 끼어들 소지가 많아지게 된다. 그래서 회사의 운명을 좌우할 고위직에는 믿고 맡길 수 있는 사람을 앉혀야 한다. 이런 자리에는 애사심과 충성심이 높은 사람이 적합하다고 생각할 수도 있지만, 높은 자리를 차지하겠다고 상사에게 잘 보이려 애쓰고, 편법과 불법을 일삼는 충성심 높은 사람처럼 조직에 위험한 존재는 없다.

특히 지도자에게 실질적인 책임과 권한을 주는 조직에서는 지도자가 될 사람이 도덕적·윤리적·법적 원칙을 지키는지도 중요한 요소로 판단한다. 능력은 기본이고 원칙주의도 중요한 자질이 될 수밖에 없다. 지도자가 일을 할 때 편법과 불법을 자행한다면 회사에 미칠 피해는 이루 말할 수 없이 크다는 것을 조직은 잘 알고 있는 것이다. 그래서 제대로 된 회사는 중요한 자리일수록 실력이 있으면서 원칙을 지키는 사람을 원한다.

내가 사업책임자로 일하다가 2007년 말 LG그룹 지주회사 대표이사로 발탁되었을 때 주변에서는 걱정이 많았다. 그 자리는 회사 안팎으로 수많은 이해관계자들과 엮일 수밖에 없어서 바람을 많이 탈 것이라고 걱정하는 사람도 있었고, 총수 대신 감옥을 들락날락해야 하는 자리일 텐데 감당할 수 있을지 염려하는 사람도 있었다. 사실 나조차도 의아하긴 했다.

'나는 융통성 없기로 유명한 사람인데, 대체 왜 나를 지주회사 대표로 불러들였을까?'

회사가 원하는 것은, 전문 경영인에 의한 책임경영을 강화해 경영 성과를 높이고 미래 먹거리를 준비하는 것이었다. 그 당시 열심히 추진했던 2차 전지 포함 전기 자동차 관련 사업이 요즘

결실을 거두는 것을 보면 보람을 느낀다. 그리고 여러 대기업들이 편법, 탈법 이슈로 어려움을 겪는 동안 LG그룹은 정도경영을 지켜나갔고 거기에 조금이나마 기여했다는 것에도 자부심을 가지고 있다. 지금 생각하니 작고하신 전대 회장께서 정도경영을 소신껏 고집스럽게 펼칠 인재를 찾았던 것이 아닌가 싶다.

회사의 운명을 좌우할 고위직에는

믿고 맡길 수 있는 사람을 앉혀야 한다.

이런 자리에는 애사심과 충성심이 높은 사람이 아니라

도덕적으로, 법적으로 원칙을 지키는 사람을 필요로 한다.

윗사람에게 잘 보이려고 애쓰고,

편법과 불법을 일삼는 충성심 높은 사람처럼

조직에 위험한 존재는 없다.

실력이 있다면
결국은 알아본다

입사 초기 해외영업본부에서 분투하고 있을 때 갑자기 본사 기획팀으로 발령이 났다. 본사 기획팀 업무는 내가 회사에 뿌리를 내리고 성장하는 데 도움을 주었는데 훗날에 중요한 여러 업무를 맡게 되는 계기가 되기도 했다. 나중에 알고 보니 전혀 친분이 없던 당시 감사팀장이 멀리서 눈여겨보다가 일 잘할 것 같은 사람이라며 추천했다고 했다.

몇몇 고위 임원도 평소에 나를 지켜 보고 있다가 일을 맡기거나 천거해주었다. 사실 회사의 주요 업무 책임자들은 항상 성과 압박 속에 살고 있다. 그러다 보니 눈에 불을 켜고 믿고 일을 맡길 수 있는 사람을 찾아다닌다.

선배들로부터 '낭중지추(囊中之錐, 호주머니 안의 송곳이라는 뜻으로, 재능이 뛰어난 사람은 숨어 있어도 저절로 사람들에게 알려짐을 이르는 말이다)'가 되라는 얘기를 들으면서 머리로는 그렇겠다 싶었지만 그때까지 실제 사례를 본 적이 없었다. 더욱이 내가 그 주인공이 될 줄은 몰랐다. 능력과 인성이 되는 인재라는 평판을 얻으면 중요한 일을 맡기고 싶어하는 사람이 많아진다.

평판을 얻으면
기회가 온다

이러한 지지와 천거는 반드시 높은 사람으로부터만 오는 것은 아니다. 동료와 후배의 평가가 나에게 기회를 만들어주기도 한다.

부장 시절, 조직 구성원의 문제 해결 능력을 키우는 것이 중요하다는 데 뜻을 같이하는 인사 담당 부장을 알게 되었다. 우리는 각자 자기 분야에서 성장하면서 점차 회사 내에서 중요한 역할을 하게 되었다. 그는 조직의 역량 향상을 위한 나의 노력과 성과를 알아주었고 사내 정치를 못하는 것을 안타까워했다. 조직 내에서 나에 대한 시기와 질시, 뒷담화가 있을 때마다 귀띔해

주기도 했다. 나중에 안 사실이지만 고위직 임원들에게 '조준호 부장이 답답한 면이 있지만 이러이러한 장점이 있으니 이렇게 쓰면 된다'는 식으로 보호해준 적도 있었다. 그렇다고 그와 자주 개인적인 만남을 가졌던 것도 아니다. 공식적인 업무를 통해 교류하며 의견을 나누고 각자 일을 했을 뿐이다. 서로가 가진 생각에 공감하고 믿음을 가지고 협력했던 것이다.

회사생활하면서 가장 어려웠던 시절 중 하나는 2006년 LG전자의 휴대폰 미국법인 책임자였을 때였다. 당시 시장 선두 업체였던 모토로라가 인기 제품이던 레이저Razr 폰의 가격을 대폭 인하하면서 통신 사업자들과 대물량계약을 체결했던 것이다. 사업을 접고 돌아가야 하나 고민할 정도로 심각한 상황이었다. 어찌어찌 정신을 수습하여 엄청난 단기 손실, 기적이 필요할 만큼 어려운 제품 개발 그리고 거래선의 협조를 전제로 한 반격 계획을 마련하여 최고 경영진에게 보고하고 승인을 받아 실행했다.

당시 취임한 지 얼마 안 되었던 LG전자의 CEO는 야전 지휘관 출신이었다. 본사 스태프 요직을 거치지 않고 공장 책임자, 사업 책임자 등 실제 현업 경험 중심으로 실력을 쌓고 성과를 인정받아 승진한 케이스였다. 그래서인지 본사 스태프 업무를 주요 경력으로 급성장한 나를, 야전 경험이 적다는 이유로 매우 부정적으로 보고 있다는 소문이 많았다. 그런데 그날 보고에서 다른 많은 고위 임원들의 우려에도 불구하고 그는 나의 계획을 전적으로 지원하고 계획에 수반되는 막대한 적자를 감수한다는 결정을 내렸다. (반격하지 않고 수동적으로 대응했다면 적자가 더 컸을 것이다.) 결과는 대성공이었지만 당시로서는 회사의 운명을 건 책임감이 무거운 결정이었다.

나중에 CEO에게 야전 경험도 적은 나를 어떻게 믿고 지지할 생각을 했는지 물었다.

"현지 법인 책임자로 발령을 내긴 했는데 아무래도 불안한 마음이 있어서, 미국 현지 고객사, 현지 법인 영업 조직, 그리고 한국 내 연구조직 등 현장을 방문할 때마다 유심히 살펴봤거든. 그런데 현장에서 평소에 당신이 얘기하던 것과 같은 얘기를 하더라고. 조직 내 소통을 잘하고 있고, 거래선의 신뢰가 크니 이제는 믿을 만하다는 생각이 들더군."

진정성이 있어야
마음을 움직일 수 있다

부하직원들도 마찬가지다. 이런 정도 위기가 되면 각자 자기 살길을 찾느라 머리가 복잡해지고 일이 손에 안 잡히기가 쉽다. 그런데 반격을 위해 현재 개발 중이던 모델을 전부 중단하고 연말에나 나올 예정이던 3개 모델을 무려 4개월이나 일정을 단축하여 출시했다. 물량을 늘렸다고는 하나 원가를 거의 절반으로 낮추어 출시하는 전대미문의 일을 연구소가 해냈다. 이를 위해 영업팀은 통신 사업자들의 협력을 얻어내기 위해, 구매팀은 부품 회사들의 협력을 얻기 위해 밤낮없이 발로 뛰며 고생했다. 시간이 흘러 직원들과 당시 상황을 회상하며 이야기를 나누었는데 한 직원이 당시 어떤 심정이었는지 말해주었다.

"사업부장님이 평소 너무 FM대로 행동하시는 스타일이라 좀 답답하기도 하고 차갑다고 느꼈는데, 위기 초반에 현실을 있는 그대로 전체 구성원에게 공유해주셔서 믿음이 생기더라고요. 그리고 반격 계획을 제시하는 모습을 보고 '최소한 저 혼자 살려는 건 아니구나. 우리와 운명을 같이하려고 하는구나!' 하는 생각이 들었어요. 진정성을 느꼈습니다."

한마음 한뜻으로 위기를 돌파한다는 게 쉬운 일이 아닌데, 내 답답한 스타일을 진정성으로 받아들여준 것이다. 조직에서 원칙을 고수하려다 보면 '답답하다', '융통성이 없다', '세상 물정을 모른다' 등등 여러 가지 비판을 들을 수밖에 없다. 확실히 세상에는 그렇게 요령 좋고 융통성 있는 사람이 많고 그런 사람들이 득세하기도 한다. 그렇지만 대놓고 원칙대로 말하고 행하지는 못해도 뒤에서 지지하고 응원하는 사람도 많이 있다. 당신이 진정성을 가지고 원칙을 지키면 결정적 시기에 그들이 당신을 지지할 것이다.

회사의 주요 책임자들은

늘 성과 압박에 시달리고 있기 때문에

믿고 일을 맡길 수 있는 사람을 찾느라 혈안이 돼 있다.

열심히 일하면서 능력도 있고

인성도 좋은 인재라는 평판을 얻으면

언젠가 반드시 중요한 일을 맡을 기회가 온다.

지금 하고 있는 일을
좋아하는가

"좋아하는 일을 해야 하는가? 아니면 지금 하고 있는 일을 좋아 해야 하는가?"

누군가가 나에게 묻는다면 나는 무조건 하고 있는 일을 좋아 해야 한다고 답할 것이다. 기회와 역량은 경로의존적이기 때문이다. '기회와 역량이 경로의존성經路依存性, path dependence을 갖는다'는 것은, 기회와 개인 역량 또는 능력은 과거의 경로와 환경에 의존한다는 뜻이다. 직장인으로서 성장, 발전, 성공에 필요한 기회는 우연히 주어지는 것이 아니라 내가 지나온 경로에서 발생한다. 내가 어떤 경험과 노력을 쌓아왔는지에 따라 기회가 주어지게 될 것이고, 나의 역량이 된다면 그 기회를 활용할 수 있게 될 것이다.

A가 어떤 회사에 입사하여 경리 부서에 배치되었다고 하자. (본인이 원하는 일이었는지 회사에서 시킨 일이었는지는 중요하지 않다.) 맡은 일을 열심히 하다 보니 재무, 회계, 세무 관련 전문 지식과 기술을 보유하게 되었고, 복잡한 재무 데이터도 분석하고 해석할 수 있는 능력도 갖추게 되었다. 그렇게 업무 이해도와 업계 지식이 뛰어난 인재로 인정받던 어느 날, 회사에서 작지만 탄탄한 기업을 인수하게 되어 인수팀을 꾸렸다. 회계 실사를 맡을 사람으로는 A가 발탁되었다.

A는 인수팀 활동을 하면서 회사 전체 경영을 들여다볼 기회를 얻게 되었다. 인수 작업이 끝난 후 회사에서는 인수팀장의 추천에 따라 인수한 회사의 경영관리부서장에 A를 임명했다. A는 수년간 경영관리부서장으로서 사장을 보좌하며 회사 경영에서 중요한 역할을 했다. 이후 사장이 본사 임원으로 돌아가자 A가 이 회사의 사장이 되었다.

직장인이 회사에서 성장하는 패턴은 대체로 이렇다. 지금 하는 일에서 실력 있다는 평판을 얻어야 더 큰 책임을 맡을 기회가 온다.

좋아하지 않는 일은
성장과 학습의 기회

그렇다면 지금 맡은 일을 잘하려면 어떻게 해야 할까? 특히 그 일이 내가 좋아하지 않는 일이라면 관점 전환을 먼저 해야 한다. 그 일을 불쾌한 의무라고 생각하는 대신 성장과 학습의 기회로 삼고 일에 끌려다니지 않도록 해야 한다. 일의 주인이 되어야 한다는 말이다. 앞서 얘기한 것처럼 일의 주인이 되면 더 자유로운 사고와 창의성을 발휘할 수 있다. 그러면 자연스럽게 전문성이 향상되고 업무 만족도가 높아지니 일이 재미있어진다.

반면에 좋아하는 일을 직업으로 삼으면 어떻게 될까? 종종 전문직이나 자영업 종사자 중에 좋아하는 일로 성공했다는 사례를 보기도 한다. 그러나 사업을 하거나 직장이라는 조직 내에서 성공하려는 사람은 좋아하는 일만 좇아서는 성공하기가 매우 어렵다. 돈이 벌리는 일과 내가 좋아하는 일은 완전히 다르기 때문이다. 좋아하는 일이나 좋아하는 제품에 대해서는 고객이나 협력사의 관점이 아니라 자기 관점에서 매사를 판단하게 될 수도 있다.

특정 제품에 '필feel이 꽂혀서' 하는 사업은 반드시 실패한다는 얘기가 있다. 반도체 사업을 크게 일으킨 삼성그룹 이건희 회장은 미국 유학 시절부터 자동차광이었는데, 개인 취미를 사업으로 연결했다가 실패했다는 것은 유명한 일화다. 물론 삼성자동차의 실패 원인이 그것에만 있지는 않을 것이다. 그런데 자동차광이 만든 차는, 일반인은 별 관심이 없는 고급 사양을 넣어 너무 비싸거나 자신의 취향에 맞는 디자인을 고집하여 대다수 고객에게 외면받는 경우가 많다. 책을 좋아해서 출판사나 서점을 시작하고, 커피가 좋아서 카페를 하다가 끝까지 유지하지 못하는 사례도 주변에서 여럿 봤다. 반면 나의 지인은 책 읽는 것을 본 적이 없는데 썼다 하면 베스트셀러를 만들어낸다. 철저하게 독자의 관점에서 책을 보고, 그들이 원하는 것을 담아내는 법을 파악한 것이다.

나는 최근 몇 년 동안 로봇 공부를 하고 있다. 연구용 로봇을 조립해놓고 소프트웨어 코딩을 하고 있는데 교재 예제만으로는 코딩 공부를 하는 게 재미없어서 스스로 과제물을 만들었다. 로봇에는 로비∣Robie라는 이름도 지어주고 이 프로젝트를 로비 프로젝트라고 불렀다.

로비를 코딩하는 작업이 너무 즐거워서 하루에 7~8시간씩 몰입하는 날도 있었다. 머신러닝이나 강화학습 이론 공부를 해서 언젠가는 로비가 나를 따라다니며 나의 상태를 관찰하고 심부름도 하고 말동무도 할 수 있는 가정용 로봇이 되도록 발전시키는 것이 목표다. 그런데 이 프로젝트를 할수록 '나는 좋아하는 일을 직업으로 삼으면 안 되겠구나.' 하는 생각이 자주 들었다.

내가 모르고 있던 흥미로운 기술을 발견하면 며칠이라도 시간을 써서 이해하고 적용해봐야 직성이 풀렸다. 그 기술을 적용해서 열 번 중에 일고여덟 번 제대로 작동하면 그렇게 흐뭇할 수가 없었다. 양산 제품을 그렇게 검수했다간 큰일이 난다. 100번 중에 한 번이라도 오작동이 나면 시장에 나갈 수 없다.

한편 좋아하는 일에도 완벽을 추구하는 사람이 있다. 1,000번에 한 번 오작동하는 건 시장에서도 허용되는 수치인데 자기 눈높이에 맞추느라 오작동률을 1만분의 1 수준까지 올리느라 기술 개발에 하염없는 세월을 보내는 것이다. 이런 식으로 제품이 만들어진다면 가격을 높게 책정할 수밖에 없다. 과하게 품질 수준을 높이느라 개발기간이 길어지고 오랜 기간 비용이 발생하니 제품 가격은 높아지게 된다. 비슷한 예로, 일본 기업은 장인정신과 품질 완벽주의에 빠져 있는 바람에 디지털 시대에 뒤처졌다는 분석도 있다. 디지털 제품은 수명이 짧고 변화에 민감하기 때문에 완벽한 제품을 만들기보다 시장에 제품을 빨리 선보이고 환경에 빠르게 대응해야 성공하는데 여전히 품질을 높이는 데만 집중했던 것이다.

디지털 시대 상품들은 아이디어가 있으면 품질 성능이 좀 부족하더라도 신속하게 출시하여 고객의 반응을 얻고 이를 개선하는 방식으로 개발한다. 고객들도 처음 출시된 상품은 성능에 부족한 면이 있어도 보완해줄 것이라고 믿고 구매하기 때문에 기업은 시장 선점을 할 수 있다. 삼성, LG, 넥슨 등 한국 기업들이 디지털 TV나 모바일폰, 인터넷 게임에서 이런 방식을 잘 소화해서 선도기업이 되었다.

나의 일을
뜨겁게 사랑하라

하루 중에서 내가 하고 싶은 일을 하는 시간과 내가 해야 하는 일을 하는 시간의 비율이 얼마나 될까? 우리는 대개 하고 싶은 일을 하면서 하기 싫은 일도 같이 해야 할 때가 많다.

에이브러햄 매슬로는 '어떤 과제에 집중하면 내적·외적으로 능률이 더 높아진다'고 했다. 우리가 지금 하는 일에 집중하며, 기왕 하게 된 일을 좋아하고 실력을 쌓으면 언젠가 성과를 얻게 될 것이다. 그것으로 일은 나에게 의미를 갖게 되고, 현재와 미래에 이익이 되는 목표를 추구할 수 있게 된다. 지금 하는 일이 힘들기만 하다면 스티브 잡스의 말도 가끔 되새겨보길 바란다.

"당신이 정말 성공하고 싶다면 자기 일을 열정적으로 해야 합니다. 반드시 그래야만 합니다. 그리고 그 일을 사랑해야 합니다. 열정만 있어서도 안 됩니다. 열정은 언젠간 식기 때문에 일을 사랑하면서 즐길 수 있어야 합니다."

지금 맡은 일이 내가 좋아하지 않는 일이라면

불쾌한 의무라는 생각을 바꾸고 관점을 전환하라.

학습과 성장의 기회로 삼고 일의 주인이 되어라.

직장인으로서 성장, 발전,

성공에 필요한 기회는

우연히 주어지는 것이 아니라

내가 지나온 경로에서 발생한다.

2장

승부는 성과가 가른다

준비하고 도전하는 자가
성과를 만든다

직장인이라면 누구나 성과를 내야 한다. 인맥에 기대지 않고 사내 정치도 할 줄 모르는 원칙주의자, 개인주의자 그리고 내향인이라면 더욱더 성과밖에는 답이 없다. 일정 직급 이상부터는 '누구도 부인하지 못할 성과'를 내야 승진하고, 그래야 살아남는다. 이것이 현실이다.

1984년 7월 존슨앤드존슨 입사

1986년 3월 금성사(LG전자의 예전 이름) 경력 사원으로 입사

1987년 1월 해외영업 부문 과장 (28세)

1990년 LG그룹 회장실 부장 (31세)

1995년 12월 LG그룹 회장실 이사(상무보) (35세)

1999년 12월 LG정보통신(2001년 LG전자로 합병) 상무 (40세)

2001년 12월 LG전자 부사장 (42세)

2009년 12월 ㈜LG 대표이사 사장 (50세)

2016년 3월 LG전자 대표이사 사장 (57세)

2018년 3월 LG 인화원 원장 (59세)

2020년 3월 은퇴 (61세)

나의 승진 기록이다. 지금 보니 무슨 승진 전문가 같기도 하다. 이사, 상무, 부사장에 이를 때마다 '최연소'와 '초고속'이라는 수식어가 붙었었다. 빠른 시기에 순탄하게 승승장구한 것처럼 보일지 모르겠으나 승진하기 전 몇 년 동안은 늘 무척 어려운 과제를 맡아서 힘든 시간을 보냈다. 계획했던 목표를 달성하기 위해 말 그대로 미친 듯이 일에 몰입하느라 번아웃이 온 적도 있다. 다행히 프로젝트를 성공으로 이끌고 큰 성과를 만든 덕분에 승진의 기회를 잡을 수 있었다.

실력과 열정의 함수가
자리를 만든다

1990~1995년, 부장 시절에 그룹에서 문제 해결 스킬을 익혀 사내에 보급하라는 과제가 떨어졌다. 외국 선진 업체에서 기술과 업무 처리 방식을 배워 와서 적용하는 것으로는 한계가 있었다. 자기들은 더 이상 안 쓰는 철 지난 노하우만 전수해주었기 때문이다. 그래서 우리 나름대로 영업, 상품개발, 생산, 물류 등 각 분야에서 효율과 생산성을 올릴 수 있는 문제 해결 방법을 찾아야만 했다.

세계적 컨설팅 회사인 맥킨지앤드컴퍼니와의 공동프로젝트팀에 합류하여 누구보다도 열심히 문제 해결 스킬을 익히려 노력했고 가장 먼저 문제해결팀을 이끌 책임자 자격을 얻었다. 이후 이를 그룹 내 각 계열사에 전파하기 위해 유통, 패션, 전자, 화장품, 통신 등 다양한 사업 분야와 과제 해결 프로젝트를 진행했다. 이 과정에서 번아웃 되어 몇 년 고생하기도 했지만 그 공로를 인정받아 35세에 임원(LG그룹 상무보)이 되었다.

1997년에는 외환위기에 대처하기 위해 유동성 개선팀장을 맡았고, 구조조정실 전자 담당을 책임지기도 했고, 반도체 빅딜 협상팀에 부대표로도 참여했다. 그렇게 회사에서 중요한 일들을 해나갔다.

　IMF의 광풍이 지나가고 이제 숨 좀 쉬나 싶었는데 상무보에서 상무로 승진하면서 LG정보통신 휴대폰 사업본부 기획 담당으로 발령이 났다. 적자의 늪에서 헤어나지 못하고 있는 휴대폰 사업본부를 신임 본부장과 함께 가서 살려내라는 것이 미션이었다. 그간 남의 사업 살려내는 계획을 짜는 외부팀으로 주로 활동했으니 이제는 직접 사업에 뛰어들어 직접 운영해보라는 뜻이었다. 잘 안되면 고속 성장 커리어는 여기서 끝나고 말 것이라는 걱정도 있었지만, 한편 짜릿한 흥분과 설렘이 있었다. 발령이 나기 수년 전부터 나는 LG그룹의 경영혁신팀 소속으로 LG정보통신 휴대폰 사업 경영진과 함께 해외시장에 내놓을 제품 라인업을 준비해왔는데, 당시는 본격적으로 해외사업을 펼칠 수 있게 된 시점이었다. 특히 미국의 3대 통신사업자였던 스프린트 Sprint에 납품하게 되어 해외시장 개척에 의한 돌파구 마련의 기대가 매우 컸다. 문제는 사업 전체로 돈을 벌지 못하고 있어 해외시장 개척에 필요한 투자 재원이 매우 부족했고, 의욕이 앞서 개발 인력에 비해 너무 많은 개발을 진행하느라 어느 하나 제대로 공급할 수 없는 상황에 갇혀 있다는 것이었다. 신임 본부장과 나는 기존 경영진의 협력을 얻어 과감한 사업구조조정을 실행하여 이 문제들을 정면으로 돌파했다.

2년 후 LG정보통신 휴대폰 사업본부는 완연하게 흑자 성장 기조로 전환되었다. 공로를 인정받아 본부장은 사장으로, 나는 부사장으로 승진했다. (이때는 전무가 없었고, 상무보다 높은 직급은 부사장이었다.) 그런데 또 다른 문제가 불거졌다. 어려운 시기에 신임 본부장을 중심으로, 한마음으로 협력했던 주요 경영진들이 사업이 호전되자 그간 쌓여왔던 불만을 위로, 옆으로 할 것 없이 동시에 터뜨린 것이다.

주요 기능 부문을 담당하는 임원들의 회식 중에 고성이 오가고, 본부장과 '어린' 기획 담당이 선임 임원들을 무시하고 전횡을 한다는 얘기도 나왔다고 한다. 급기야는 본사에서 감사까지 나왔다. 조직 전체가 뒤숭숭했다. 어려운 시기에 권한과 의사결정을 본부로 집중시키고 고통스러운 사업 조정을 밀어붙인 것이 탈이 난 것이다. 거기에다 본부장과 내가 빨리 승진한 것에 대한 질시도 한몫했다.

결국 핵심 인재를 보호한다는 사유와 문책성 사유로 2004년 초 본부장은 유럽 전자 사업 총괄 사장으로, 나는 휴대폰 미국 법인장으로 발령이 났다.

어려운 과제일수록
정면으로 맞선다

북미 휴대폰 시장의 판세를 유리하게 뒤집은 공로를 인정받아 2008년 초에 LG그룹의 본사 격인 지주회사, ㈜LG의 총괄 부사장으로 부임했고, 2009년 초에는 대표이사, 2009년 말에는 대표이사 사장으로 승진했다. 그룹 본사 사장은 보통 관리통이거나 대외 활동을 잘할 사람이 맡게 되는데 조금 의외의 인사라는 얘기가 많았다. 나는 나름 그룹 경영에서 정도경영을 실천하는 데 힘쓰면서 2014년 말까지 재임 기간 중 미래 먹거리를 만드는 데 노력했다. 특히 전기차 관련 사업에 큰 노력을 기울였다.

나는 LG가 스마트폰 사업에서 뒤처진 원인은 초기 시장에 진입하지 않았던 것에 있다고 본다. 아직 스마트폰 관련 기술과 인프라가 불완전할 때 미리 제품을 출시하여 각종 시행착오를 겪으면서 노하우를 축적해야 했는데 망설이다가 기회를 놓쳤던 것이다. 때문에 전기차 관련 사업을 빠르게 준비했다. 그 당시 시장 전망에 대해 부정적인 견해가 대세였음에도 불구하고 미국 1위 자동차 업체 GMGeneral Motors과 협력하여 업계 최초로 1회 충전에 200마일(320km) 이상을 갈 수 있는 배터리를 개발했다.

뿐만 아니라 전기 장비, 모터 등 모든 솔루션을 독자적으로 개발하여 상용화했다. 워낙 GM과 일찍부터 성능과 신뢰성에서 온갖 검증을 하였기에 다른 자동차 회사들도 안심하고 LG의 전기차 관련 솔루션을 채택했고 이로써 초기 시장을 선점했다.

그러다 위기에 처한 스마트폰 사업을 구하라는 과제를 맡아 2015년에 LG전자 MC사업본부장에 부임했다. 이번에도 주변에서 실각하여 내쳐졌다는 둥 여러 가지 해석을 하며 인사에 대한 말이 많았지만, 커리어 내내 어려운 과제를 맡아 해결해내면서 성장해왔던 나는 별다른 생각을 하지 않았다. 다만 휴대폰 사업을 떠나 있는 동안 피처폰 시장은 스마트폰 시장으로 완전히 변해 있었고, 전체 시장 규모의 60~70%에 해당하는 프리미엄 스마트폰 시장의 90%를 애플과 삼성이 나눠 가지고 있는 판이었다. LG는 그나마 미국의 보급형 스마트폰 시장에서 중국업체들이 품질 문제로 주춤하고 있는 사이에 2014년에 출시한 G3 프리미엄 모델이 어느 정도 히트해서 겨우 숨 쉴 틈을 확보한 상태였다.

애플과 삼성은 금속과 유리를 사용한 새로운 디자인의 제품을 내놓기 시작했는데 LG는 준비가 안 되어 있었다. 이전 재료를 활용한 구식 디자인을 내놓을 수밖에 없었다. 이대로 가다가는 1~2년 내 보급형 폰은 품질을 빠르게 개선해가는 중국 메이커에게, 프리미엄 폰은 애플과 삼성, 양강에 밀려 고사할 상황이었다.

그래도 획기적 승부수를 한 번 정도는 던져볼 수 있을 것 같았다. 사실 지주회사 대표 입장에서 보자면 깔끔하게 사업 철수를 하는 게 나았다. 하지만 기왕 사업을 맡았으니 한 번은 획기적 승부수를 던져보자고 결정했다. 관련 인사들도 다행히 공감하고 뜻을 같이했다. 그렇게 1년 반을 준비하여 2016년, 매우 혁신적으로 평가받은 세계 최초의 모듈러 디자인폰 G5를 출시했다. 출시 이후 업계와 소비자들의 열광적 호응이 있기는 했으나 결과적으로 G5는 상업적으로 대실패했다. 대대적인 광고로 붐을 일으켰는데 모듈러 디자인 구조물의 생산에 차질이 생겨 소비자 판매가 중단되고 만 것이다.

게다가 인기몰이가 오히려 시장의 역풍을 일으켰다. 유통업체들은 계속 물량을 달라고 하고 공급이 안 되는 상황에서, 경쟁사가 원활한 공급을 약속하며 G5에 대해 나쁘게 말하기 시작했다. 결국 대규모의 제품 재고와 부품 재고를 떠안게 되었고 그 처리 작업을 하느라 많은 사람이 힘들어했다. 실패에 여러 요인이 있지만 결국 경영자였던 나의 판단 착오가 근본 원인이었다고 생각한다.

　개발 과정에서 모듈러 디자인 구조물을 원하는 품질 수준으로 생산하기가 쉽지 않다는 의견이 여러 번 나왔었다. 하지만 과거처럼 개발팀과 생산기술팀이 해결할 수 있을 것이라 보았는데 결국 양산 시점까지도 그 문제가 해결되지 않았고 이는 프로젝트 전체의 성공에 결정적 장애가 되고 말았다. 그동안 내가 맡았던 여러 프로젝트에서 난관을 돌파한 경험을 너무 믿었던 것 같다. 이후 평소 생각하던 대로 결과에 책임지고 퇴임할 준비를 하고 있는데 그룹 연수기관인 인화원 원장으로 발령이 났다. 그간의 성공과 실패 경험을 통해 얻은 배움을 후배 임직원들에게 나누어주라는 뜻으로 이해했다.

　이처럼 장황하게 나의 회사생활을 설명한 것은 겉으로 보아 무난하게 직장생활을 하고 있는 것 같은 사람도 속을 들여다보면 수많은 어려움을 겪고 있고 난관을 헤쳐 나가기 위해 피나는 노력을 하고 있음을 알려주고 싶었기 때문이다.

직장인이라면 누구나 성과를 내야 한다.

사내 정치도 할 줄 모르고 하고 싶지도 않은 사람이라면

더욱더 성과밖에는 답이 없다.

'누구도 부인하지 못할 성과'를 내야 살아남는다.

이것이 현실이다.

실력 있는 인재들이 갖고 있는
2가지 능력

신입사원 시절 선배들이 "성과는 운칠기삼運七技三"이라는 말을 자주 했다. 성공에는 운의 작용이 7할이고, 기술, 즉 실력의 작용이 3할이라는 말이다. 회사생활을 오래 하고 고위직으로 올라갈수록 그 말에 깊게 공감하게 됐다.

성과를 내려면 운과 실력이 함께 있어야 한다. 실력을 얘기하면서 운을 먼저 얘기하는 이유는 실력은 당연히 있어야 하지만 운이 받쳐주지 않는다면 성과를 내기 어렵기 때문이다. 어떤 일은 열심히 하긴 했으나 특별히 애쓴 것 같지 않은데 성과가 쑥쑥 이어지고, 어떤 일은 온갖 궁리에 별별 수단을 다 썼는데도 도저히 성과가 나지 않는 경우가 있다.

생각해보면 그럴 수밖에 없는 이유가 있다. 성과는 내 조직의 준비 태세가 그 시점에서의 환경과 맞아떨어질 때 난다. 준비 태세라는 것이 어떤 일은 1년 이내에 이루어지지만, 대부분의 일은 2~3년, 길 때는 5~6년이 걸리기도 한다. 새로운 기술이나 혁신적 제품을 만든다든지 중국을 떠나 동남아시아에 공급망을 구축한다든지 하는 과제들을 생각해보라. 사실 어떤 책임을 맡든지 초기에 나의 조치가 성과에 큰 영향을 주기는 쉽지 않다.

그러니 어떤 자리를 맡은 후 1~2년간의 성과는 나의 전임자, 혹은 전 전임자가 어떤 조처를 했는지와 당시 환경에 맞는 적절한 조처가 이루어졌는지에 달려 있다. 물론 제대로 된 회사라면 내 일의 성과에서 전임자의 공과를 감안하여 평가할 텐데 좋든 나쁘든 현재 책임자에게 성과 대부분이 귀속될 것이다. 그래서 운이 중요하다.

그런데 실력 있는 사람은 일을 맡을 때 좋으면 좋은 대로 나쁘면 나쁜 대로 현재 상황을 잘 파악하고 윗사람과 공유하여 부당한 일을 당하지 않도록 조처를 해야 한다. 내가 처한 업무 환경에 관해 조직이 제대로 이해하도록 해야 나의 기여를 제대로 평가받을 수 있다. 이와 더불어 실력 있는 직장인으로 성공하려면 어떤 일을 하든지 반드시 가져야 할 두 가지 능력이 있다. 바로 문제 해결 능력과 의사소통 능력이다.

문제를 대면하고
핵심을 짚는다

문제 해결 능력은 문제의 핵심을 파악하고 해결 방향을 잡는 능력이다. 문제의 핵심을 파악하는 것과 해결 방향을 잡는 것 모두 중요하지만 둘 중 더 중요한 것을 고르려면 문제의 핵심을 파악하는 것이다.

나는 회사생활을 하면서 온 조직이 열심히 일했는데도 문제를 헛짚는 바람에 기대 이하의 성과로 전락하는 일들을 많이 보았다. 경쟁사가 새로운 콘셉트의 상품을 내세워 고객의 취향을 이미 바꿔놓은 시장에서, 기존 콘셉트 제품을 수정하느라 때를 놓쳐 선두자리를 내준 경우도 있다. 우리가 한때 열광했던 MP3 플레이어도 그런 사례다.

한번은 불량 거래처에 물건을 안겨놓고 대금을 못 받는 사례가 자꾸 반복되어 사전 보고 및 승인 절차를 강화했는데 문제가 더 심각해진 일도 있었다. 내용을 들여다보니 비현실적인 매출 목표와 영업팀에 대한 평가 보상 방식이 문제였다. 여러 요인을 감안한다고는 하나 영업자의 KPI는 실질적으로는 매출 목표 달성에 초점이 맞춰져 있었기 때문에 사전 승인을 받을 때 불리한 정보는 숨기고 일단 매출을 일으키고 보자는 식의 행태가 계속됐던 것이다.

MP3 플레이어 사례와 영업팀의 사례에서 보았듯이 기존 콘셉트 제품을 아무리 더 잘 만들고, 사전 보고 절차를 아무리 강화해도 문제는 해결되지 않았다. 문제의 핵심을 짚지 못했기 때문이다.

문제의 핵심을 파악하고 나면 구체적인 해결책을 만드는 것은 비교적 쉽다. 그런데 대부분은 문제가 발생하면 원인을 파악하기보다는 바로 해결책을 찾는 데 뛰어든다. 당장 눈에 보이는 문제를 해결하고 싶은 마음은 이해한다. 담당 직원이 가져오는 기획서나 보고서를 보면 해결책은 꼼꼼하고 구체적이다. 선진기업 사례까지 조사해서 설명하고 있는데 정작 왜 그 해결책이 필요한지는 명확하게 제시하지 못한다. 나는 문제가 발생하면 문제의 핵심을 파악하는 데 훨씬 더 많은 시간과 노력을 들였다. 그것이 성과의 차이를 만들었다고 확실히 말할 수 있다.

보고는 결론부터
이유는 간결하게

또 하나의 중요한 능력은 커뮤니케이션, 즉 의사소통 능력이다. 여기서 말하는 의사소통 능력은 말재주가 좋다거나 글을 잘 쓰는 능력과는 조금 다르다. 회사는 업무를 하는 공간이기 때문에 효율이 효과만큼 중요하다. 동료 간 소통이든, 상사에 대한 보고든, 다수를 위한 스피치나 프레젠테이션이든 소통 대상의 상태를 가장 먼저 파악해야 한다. 즉 상대가 소통할 내용에 관한 관심이 얼마나 있는지, 사전 지식은 어느 정도일지를 감안하여 자신이 전달하고자 하는 메시지를 간결하고도 명확하게 표현해야 한다.

대개 회사에서 보고할 때는 결론을 먼저 말하고 그다음에 배경과 이유를 언급한다. 자명한 경우에는 배경과 이유를 생략하기도 하지만 문제의 핵심이 기존의 생각과 다를 경우에는 결론에 이르게 된 배경과 이유를 설득력 있게 전달해야 한다.

그런데 결론은 말하지 않고 배경부터 장황하게 설명하는 사람들이 있다. 소통 대상이 메시지의 배경을 잘 모르고 사전 지식이 없을 테니 이 부분을 채워 놓은 다음, '그래서 이렇게 해야 합니다'라는 얘기를 하려는 것이다. 의도는 이해하나 수많은 보

내향인 개인주의자 그리고 회사원

고를 받으며 빠른 결정을 내려야 하는 상사 입장에서 이런 보고를 받으면 보고하는 사람에 대해 답답하고 무능하다고 평가하게 된다. 결론부터 말하는 습관을 들이길 권한다.

한편 문제 해결 과정에서 자신이 결론에 이르게 된 과정을 이야기하듯 보고하는 사람도 있다. 논리적이고 체계적이긴 한데 대체로 장황해서 듣는 사람이 따라가기 어렵다. 내가 권하는 방법은 문제 해결 과정에서 나온 결론을 놓고 소통 대상의 상태를 반영하여 결론과 이유를 최대한 간결하게 정리하는 것이다. 의사소통 능력은 신경 쓰고 노력하다 보면 점진적으로 개선된다.

이와 달리 상황 판단 능력이나 문제 해결 능력처럼 고도의 분석력과 통찰력이 요구되는 역량은 처음에는 거의 변화가 없다가 특정 시점에 비약적으로 늘어난다. 공부할 때처럼 계단식으로 성장하기 때문이다. 일정 기간 동안은 온 신경을 상황 판단 능력과 문제 해결 능력을 키우는 일에 집중하는 것이 좋다. 나의 경험으로는 2~3년이었다.

직장생활을 하면서 2~3년은 실력 향상을 위해 완전히 몰입해야 한다. 나의 모든 생각과 에너지를 일에 써야만 실력이 는다. 그렇게 해도 실력이 눈에 띄게 비약적으로 늘지는 않을 것이다. 그렇다고 너무 초조해할 필요는 없다. 경험과 훈련이 쌓이다가 임계점을 넘으면 어느 날 실력이 다른 차원으로 올라와 있다는 걸 경험하게 될 것이다.

다만 이 시기에는 일에 대한 에너지 소모가 워낙 많고 다른 일에 신경 쓸 겨를이 없으므로 너무 길면 건강이나 가정생활 등 다른 분야에 문제가 생길 수 있다. 그러니 최대한 몰입하여 2~3년 내에 실력 도약이 일어나도록 노력하자.

어떤 일을 하든지 반드시

문제 해결 능력과 의사소통 능력을 갖추어야 한다.

문제의 핵심을 파악하고 해결 방향을 잡아야 하며,

보고를 할 때는 결론부터 말하는 습관을 들여야 한다.

좋은 보고서를 쓰기 위해 필요한 것

사무직에 종사하는 사람은 보고서를 통해 일한다고 해도 과언이 아니다. 보고서는 그 사람의 능력을 나타내기도 하고 사원이나 대리 같은 저연차 직원은 보고서로 평가받기도 한다. 그렇다면 보고서는 어떻게 써야 할까?

좋은 보고서의 기준은 상사의 취향에 따라 달라질 수 있다. 어떤 상사는 최대한 간결하게 요점을 짚은 보고서를 선호하고 어떤 상사는 결론을 뒷받침할 근거가 되는 팩트facts를 중요시한다. 그러나 보고 받는 사람의 취향이 어떻든 간에 좋은 보고서의 공통적인 특징이 있다. 문제의 핵심과 그에 대한 해결책을 담아 가장 간결하면서도 설득력 있게 전달한다는 것이다.

탁월해지고 싶다면
기준을 더 높게 잡아라

보고서를 잘 못 쓰던 사람도 연차가 쌓이면서 보고서를 쓸 때마다 노력하면 실력이 나아지긴 한다. 하지만 대부분 개선의 폭과 속도는 그다지 크지 않은 경우가 많았다.

보고서를 잘 쓰려면 먼저 좋은 보고서에 대한 기준이 높아야 한다. 품질 기준이 낮으면 자신이 쓴 보고서가 어떤 면에서 부족한지 모르고, 그러다 보면 발전이 별로 없다. 보고서를 잘 쓰는 사람, 조금 더 일반화해서 말하면 일 잘하는 사람은 내용과 형식 면에서 높은 품질 기준을 가지고 있다. 어떤 일을 맡겨도 처음에는 어설프고 혼란스러울지 몰라도 자신만의 품질 기준을 가지고 자기 일을 끊임없이 개선해 나가기 때문에 발전이 빠르다.

반면 일에 대한 품질 기준이 낮은 사람은 상사가 매번 일일이 잘못된 점을 지적해줘야 한다. 더 안 좋은 것은 지적해줘도 그때뿐인 경우다. 자신의 품질 기준이 낮으니 상사가 지적해줘도 왜 그것이 나은지를 잘 인식하지 못한다.

그러면 어떻게 해야 자신의 품질 기준을 높일 수 있을까? 가장 좋은 출발점은 여러 사람이 인정하는 좋은 보고서를 몇 개구해서 흉내 내보는 것이다. P&G프록터앤드갬블 회사의 '1page 보고서'는 좋은 보고서 사례 중 하나다. 보고를 받고 승인해야 하는 상사들은 매우 바쁜 사람들이니 한 페이지에 결론, 배경, 이유, 취해야 할 조처 등을 간결하게 정리하라는 것이다. 구체적인 내용이 더 궁금하다면 상사가 질문을 할 테니 세세한 부분은준비했다가 구두로 답변하면 된다.

나는 첫 상사가 P&G 출신이라 그의 보고서 몇 개를 견본으로 얻어 여러 번 읽으면서 체계와 논리 흐름을 연구했다. 그다음에는 보고서를 쓸 때마다 그의 보고서를 기준으로 놓고 부족한부분을 보완하려 애썼다. 나중에 국내 회사로 이직하고 보니 한국 회사의 보고서 양식이나 내용은 외국 회사와 매우 달랐지만스스로 품질 기준을 높여 놓은 덕분에 금방 적응해서 보고서의귀재 소리도 듣게 되었다.

또 한 가지 방법은 다른 사람이 쓴 보고서를 접할 때마다 비판적 시각으로 검토하는 것이다. 논리가 명확한가, 결론에 이르는 근거가 충분한가, 군더더기 없이 꼭 필요한 내용만 담았는가

등 좋은 보고서의 요건을 놓고 따져봐야 한다. 직급이 높아지면 자연히 동료나 팀원의 보고를 받고 지시하는 일도 늘어난다. 그때를 자신의 품질 기준을 높이는 기회로 활용하는 것이다.

다른 사람을 가르치는 것도 방법이다. 사람들이 무엇을 안다고 할 때 많은 경우 안다고 느끼기는 하지만 구체적으로 말해보라고 하면 막막해한다. 이것은 진짜 아는 것이 아니다.

일을 잘하려면 메타인지가 필요하다

어떤 방송국에서 공부를 잘하는 학생과 그렇지 못한 학생의 차이를 찾는 프로그램을 방영한 적이 있다. 가정환경부터 시작해서 지능지수, 수면시간, 성격, 성별, 집중력 등 수많은 변수를 놓고 통계적 분석을 해보았지만, 통계적으로 의미 있는 차이는 발견되지 않았다. 차별점이 분명할 거라고 예상했던 방송 제작진과 학자들은 난감해졌다. 반전은 예상하지 못한 곳에서 나왔다. 공부 잘하는 학생은 대부분 공부한 것을 스스로 말로 설명할 수 있었고, 그렇지 않은 학생은 알기는 아는 것 같다는 데 말로 설명하질 못했다.

"아는 것을 안다고 하고, 모르는 것을 모른다고 하는 것, 이것이 진정한 앎이다."

2,500여 년 전 공자가 한 말이다. 아는 것과 모르는 것을 구별해내는 관찰력과 자기성찰 능력을 심리학과 뇌과학에서는 메타인지라고 한다. 실력을 쌓으려면 메타인지 능력을 키워야 한다.

가르치면서 배우는 것은 가장 효과적인 학습법 중 하나다. 다른 사람에게 지식이나 기술을 가르치면서 동시에 스스로 학습을 할 수 있고, 내가 부족한 부분을 발견할 수 있다. 팀원의 보고서를 검토할 때는 기준을 제시하고 그 기준에 비추어 어떤 부분을 개선할지를 명확하게 설명하도록 한다. 처음에는 시간을 들여야 어떤 점을 고쳐야 할지 설명할 수 있을 테지만 익숙해지면 보고를 들으면서 바로 피드백을 할 수 있게 된다.

직급과 연차에서 기대되는 것보다 높은 품질 기준을 가지고 스스로 계속 일의 품질을 높여가는 사람을 우리는 '일 잘하는 사람'이라 한다. 특히 사무직은 보고서를 통해 상사의 승인을 받고 자원을 움직이다 보니 보고서 잘 쓰는 것이 매우 중요한 기술이다. 보통 이런 사람들이 지도력 등 다른 몇 가지 역량을 갖추면 회사는 승진할 준비가 되어 있는 인재라고 판단한다.

높은 기준을 가지고 최고의 보고서를 쓰려고 노력해라.

한 페이지에 결론, 배경, 이유, 조처를 간결하게 정리해라.

다른 사람의 보고서에 대해 피드백할 때는

기준을 제시하고 개선할 부분을 명확하게 설명해라.

상사가 원하는 것과
내 생각이 다르다면

얼마 전에 함께 일했던 부하직원이 찾아와서 점심을 먹었다. 요즘 지내는 데 어려운 점은 없느냐고 안부를 물었더니 바로 고민을 털어놓았다. 중요한 보고서를 경영진에 올려야 하는데 담당임원에게 두 번이나 퇴짜를 맞았다고 한다. 더 검토해보라는 피드백만 돌아왔는데 자기가 생각해도 지금 보고서가 부족한 것 같긴 한데 방향을 어떻게 잡아야 할지 영 모르겠다고 했다.

식사 자리는 자연스럽게 해당 보고의 내용을 놓고 토론하는 자리가 되었다. 보고서의 주제는 본인이 관리 책임을 맡고 있는 회사 부동산의 활용 방법을 제안하는 것이었다. 얘기를 듣다 보니 제안 내용에 대해 스스로 확신이 없는 것이 문제였다. 마음 한구석에서는 '이게 아닌데…' 하는 생각이 드는데 상사가 원하는 방향이 있으니 그 방향을 전제로 사업을 구상했던 것이다.

부동산 컨설턴트도 동원하고 임대 가능성이 큰 유명 브랜드 업체도 접촉해보았으나 그 장소와 업태가 썩 어울리지 않아 상당한 혜택을 주어야 임대가 들어올 것 같다고 했다. 상사의 희망을 일단 제쳐두고 순수하게 비즈니스 관점에서만 먼저 판단해보기로 했다. 수익을 낼 수 있을지, 회사의 이미지와 맞는지 등을 감안하여 추진 방법을 구체화하고, 상사의 요구사항도 여러 이해관계자의 요청이 반영된 것이니 부정적인 태도를 버리고 최대한 활용 방안을 찾아보라고 했다. 탈출구를 찾은 그 직원은 고맙다는 인사를 하며 홀가분한 표정으로 떠났다.

조직의 관점에서
바라보라

이 일로 과거 일이 떠올랐다. 부장 시절 그룹 차원에서 추진하는 새 사업의 타당성을 검토하는 큰 과제를 맡게 됐다. 그리고 검토 결과를 신임 회장 앞에서 발표해야 했다. 임원 승진을 눈앞에 두고 있을 때 처음으로 큰 과제를 하게 됐으니 나는 열의가 넘쳐 흘렀다.

"신임 회장님을 포함한 고위층이 관심을 두고 주목하고 있는 사업이니 잘 검토해야 해."

직속 상사도 나에게 단단히 일렀다. 신사업 추진 시 예상되는 문제점과 해결방안을 검토하고 전략을 세워서 준비했고 문제점과 해결 방법을 중점적으로 검토하여 발표했다. 발표 내내 말없이 듣고 있던 신임 회장이 질문을 던졌다.

"들어보니 돈도 별로 안 되는 것 같은데 이 사업하면 우리 그룹에 뭐가 좋은 겁니까?"

아차 싶었다. 사실 검토 중 비슷한 의문을 품었는데 위에서 긍정적으로 검토하기를 원한다고 생각해서 그 의문은 일단 덮고 넘어갔던 것이다. 그런데 신임 회장은 그 사업의 본질을 짚었다. 발표는 대실패로 끝났다. 다행히 상사가 적극적으로 나서서 신사업을 추진하지 않는 것으로 결론을 내고 프로젝트를 마무리했지만 나의 커리어상 큰 후퇴를 맛보았던 경험이었다.

회사에서는 상사의 지시를 받아 일하게 마련이다. 많은 경우 앞에서 말한 사례들처럼 상사는 결론의 방향을 어느 정도 정해 놓고 일을 시킨다. 특정 사안을 '긍정적으로 검토하기를 바란다' 라는 말은 '타당성이 있으니 진행이 필요하다는 결론을 바탕으로, 진행 시 예상되는 문제점과 해결책, 필요 예산 등을 검토하기를 기대한다'라는 뜻이다. 이렇게 명시적으로 방향을 지시받으면 그나마 다행이다. 어떤 상사는 나중에 문제가 되면 실무자 핑계를 대기 위해서인지 몰라도 드러나지 않게 넌지시 의도를 전달한다. 이럴 때 상사의 의도를 잘 읽고 잘 맞춰서 일을 처리해야 일 잘하는 사람이 되고 세상 물정을 아는 사람이 된다.

명시적이든 암시적이든 검토해보니 그 방향이 맞는 것 같으면 그대로 진행하면 된다. 문제는 검토 결론이 상사가 원하는 방향과 다를 때다. 대부분의 상사는 검토 의견의 근거를 하나하나 점검하고 타당하면 납득할 것이다. 검토 의견이 다르게 나왔을 때 상사가 의견을 바꾸지 않고 처음 의견을 고집한다면 이유는 두 가지다.

우선 검토 의견의 근거에 대해 다른 판단을 하는 경우다. 어차피 어떤 근거도 100% 확신할 수는 없다. 앞의 사례에서 부동산 컨설턴트와 유명 브랜드 업체의 판단은 전문가 의견일 뿐 정답은 아니다. 오히려 관점을 바꾸어, 더 대대적인 투자를 해서 전국적인 명소로 만들 수도 있는 일이다. 이는 판단의 문제다. 나의 경우, 상사와 깊게 논의를 한 후에 상사가 나의 의견은 인정하지만 본인의 뜻에 따라주기를 요청하면 대체로 그 의견을 따랐다. 사안이 큰 경우에는 리스크가 크다는 점을 명시적으로 강조하고 이 리스크를 관리하는 방법을 충분히 포함하도록 했다. 나중에 보면 조금 더 강하게 막아야 하지 않았을까 하는 아쉬움이 남는 프로젝트들도 있었다. 그래도 이는 합리적인 견해의 차이이므로 본질적인 문제는 아니다.

상사를 고쳐 쓰기는 쉽지 않다

문제는 정치적이든 부정한 이해관계든 개인적인 이익을 위해 상사가 방향을 정해놓는 경우다. 이런 경우에는 당신의 검토 의견의 근거가 아무리 타당해도 통하지 않는다. 명확한 이유도 없이 그저 트집만 잡을 것이다. 오랜 시간이 흐른 후에야 '아, 그때 그래서 그랬구나.' 하고 알게 된다. 당신의 상사가 이런 스타일이라면 빨리 자리를 옮기기 바란다.

개인적인 이해에 따라 일하는 상사는 당신이 타협하는 순간 당신을 말 잘 듣는 수단으로 써먹을 계획을 세운다. 일이 잘 풀릴 때는 상사가 중요하다고 생각하는 일에 배치하여 자기의 뜻을 관철하는 도구로 사용할 것이다. 일이 안 풀리면 여러분은 희생자가 된다. 이런 사람은 꽤 철저하기도 해서 절대로 자기가 압력을 넣었다는 흔적을 남기지 않는다. 나중에 문제가 되면 당신에게 모든 잘못을 떠넘기고 자신은 유유히 빠져나갈 것이다.

지금까지의 얘기를 요약해보면 이렇다.

- 상사가 어떤 일을 검토하라고 할 때 상사의 의도와 관계없이 회사의 관점에서 타당성을 검토하여 결론을 내야 한다.
- 자신의 품질 기준에 따라 스스로가 납득할 만큼 충분히 검토한 결론이라면 상사를 설득하도록 최선을 다한다.
- 타당성에 관한 판단을 놓고 의견이 다를 경우는 상사의 의견을 따르되 리스크를 구체화하여 이에 대한 대책을 제시한다.
- 몇 번 경험해본 결과 상사의 판단력에 의문이 생기거나 개인적 이유 때문에 자신의 주장을 관철하려는 상사라는 판단이 든다면 빨리 그 조직에서 탈출한다.

다시 한번 강조하지만 자기 자신의 판단 기준에 따라 결론을 내고 이를 쉽게 타협하지 않는 사람이라야 올바르지 않은 상사와 일하면서도 꺾이지 않고 조직에서 성장할 수 있다.

특정 사안을 '긍정적으로 검토하기를 바란다'라는 말은

'타당성이 있으니 진행이 필요하다는 결론을 바탕으로,

진행 시 예상되는 문제점과 해결책,

필요 예산 등을 검토하기를 기대한다'라는 뜻이다.

상사의 의도를 잘 읽고 잘 맞춰서 일을 처리해야

일 잘하는 사람이 되고 세상 물정을 아는 사람이 된다.

일 전체를 보고
목표를 높이 잡는다

놀랄 만한 성과를 내는 조직이나 개인을 보면 목표 수준이 높다는 공통점이 있다. 예전 상사 중에 LG전자 혁신의 아이콘이라고 불리던 분이 입버릇처럼 하던 말이 있었는데 바로 "5% 개선은 안 되어도 30% 개선은 가능하다."였다.

어느 회사에서 5% 경비를 절약하자는 목표를 세웠다고 해보자. 각 부서에 목표를 할당하면 각 부서는 하위 부서에 절감 목표를 내려준다. 목표 달성을 위한 실행 계획도 보고하라고 한다. 그러면 그때부터 각 부서와 하위 부서들은 왜 자신의 부서는 예산을 줄이면 안 되는지 온갖 이유를 대며 저항하고 예산 심의 부서에 로비한다. 부서장들은 마치 자신의 리더십이 손상되는 양 결사반대하고 다른 부서에서 불합리하게 예산을 많이 쓴다고 항변한다. 결국 조직의 경비 절감 노력은 1~2% 수준에서 흐지부지 끝나고 만다. 대부분 회사에서 실제로 겪는 일들이다.

그런데 30~40% 개선은 어떻게 하면 가능할까? 어떤 자동차 회사가 불황 속에서 점차 망해가고 있었다. 자동차 산업이 성숙해지면서 다양한 소비자들의 취향을 맞추기 위해 그 회사도 수많은 모델을 해마다 출시해야 했는데 그 결과 수많은 부품의 공급관리, 생산, 판매 업무를 감당하지 못할 지경에 이르렀다. 과부하를 해소하기 위해 인원과 장비를 늘리자 비용은 기하급수적으로 높아졌다.

비용을 절감하기 위해 해마다 절감 목표를 세우고 노력했지만, 앞서 말한 구조적 이유로 단위 매출당 비용은 오히려 늘어나기만 했다. 반전은 이 회사가 수년을 준비한 공통 플랫폼 전략이 실행되면서부터 일어났다. 기존에는 모델 종별로 비용 절감을 하려고 했던 것인데, 다른 차원에서 비용을 절감할 수 있게 되었다. 이제 이 회사가 생산하는 자동차 모델들은 2~3개의 공통 플랫폼 기반으로 설계되고 공통 플랫폼의 모든 주요 부품은 모듈 단위로 공용 디자인을 채택했다. 공통 플랫폼 기반으로 설계된다는 것은 전 세계에 있는 공장에서 동일한 라인에서, 동일한 작업을 하며, 동일한 부품을 쓴다는 뜻이다. 그 결과 주요 부품의 대량 구매가 가능해지고 모든 생산 과정을 개선하여 단순화함으로써 비용이 크게 감소하기 시작했다. 이는 실제 폭스바겐에서 일어난 일이다. 나중에는 전 모델을 하나의 플랫폼 기반으로 만드는 데까지 진화했다. 그야말로 5% 개선은 안 되어도 30% 개선은 가능하게 만든 사례다.

목표가 높아지면
생각의 차원도 높아진다

나는 항상 '상사의 관점, 나아가서 상사의 상사 관점에서 일을 바라보라.'고 말해왔다. 자기가 직접 맡은 일의 관점에서 보면 성과 목표는 지금 수준을 다소 개선하는 수준에 그친다. 그런데 그 일과 관련된 여러 일들을 함께 관장하는 상사의 관점으로 일을 보면, 부서 전체의 성과를 올리기 위해 각각의 업무가 왜 필요한지, 어떻게 시너지를 내야 하는지 등을 깨닫게 된다. 그러면 비약적으로 성과가 향상될 수 있고 한 번 성과를 달성해본 사람은 훨씬 더 높은 성과 목표를 세우고 또 달성하게 된다. 그렇다고 '내가 상사보다 일을 더 잘하는 것 같다'고 생각하며 잘난 체해서는 안 된다. 괜히 '나는 이런 것도 생각하는데 당신들은 너무 수준이 낮아.'라고 얕잡아 보는 인상을 주면 회사생활은 끝이다. 그저 일을 할 때는 목표를 높게 세우고 넓게 보는 태도를 가지라는 뜻이다.

내가 상사의 관점으로 일하는 태도를 갖게 된 것은 입사 초기의 경험 덕분이다. 입사 초기에 해외영업본부에서 일했을 때의 일이다. 당시 공장과 해외영업은 별개의 조직으로 되어 있었는데 해외영업 전체로 보아 매출 성장을 거듭하고 있는 시점이라 늘 '적기 공급'이 문제였다. 회사의 경영 기조는 매출 신장 기회를 놓치지 않기 위해 의욕적으로 수주를 하고 이를 공급하기 위해 최선을 다한다는 것이었다. 그러려면 회사 전체의 관점에서 최대로 공급할 수 있는 물량을 추정하고 중점적으로 공급할 지역과 거래선을 정해 물량을 우선 배정하는 것이 중요했다.

그런데 영업 부문과 생산 부문이 서로 자기는 잘했는데 다른 쪽이 대응을 못 하여 매출 차질이 났다고 비난하기만 했다. 각자 자기주장만을 펴는 바람에 전략적으로 중요한 거래선에는 물량이 너무 적게 배정되거나 공급이 지연되는 경우가 많았다. 각자는 열심히 하는데 회사 전체로 보아서는 놓치는 기회와 낭비가 너무 많았다. 각 부문의 핵심 인재들이 회사 전체가 돌아가는 사정을 이해하고 서로 협력해야 하는데 서로 상대 조직이 무능하다고 보고를 했고, 그렇게 자기 조직이 조금이라도 돋보이거나 피해를 덜 입으면 일을 잘하는 거라고 착각하고 있었다.

회사에서 일하다 보면 이처럼 거창한 부문 간 갈등은 물론이고 팀 간 갈등도 자주 보게 된다. 자기 부서만 잘한다고 해서 회사 전체가 좋아지는 것이 아니다. 관련 부서와 협력을 잘해야 훨씬 더 높은 성과를 거둘 수 있다. 여러 부서를 맡고 있는 상사의 관점으로 상상하면 훨씬 큰 목표와 해결방안을 가질 수 있다.

스스로 높은 목표를 가지게 되면 동료와의 관계도 달라진다. 이전까지 상사의 인정과 승진을 놓고 경쟁하던 대상에서 나와 협력하여 높은 성과를 만들어 갈 협력자로 보이기 때문이다. 심지어는 나를 힘들게 하는 동료와 상사마저 내가 가진 목표를 도울 '자원'으로 보이게 될 것이다.

놀라운 성과를 내어 인정받고 싶다면

우선 목표부터 크게 가져라.

불가능할 정도로 큰 목표,

큰 꿈을 가지고 있으면 일에 대한 관점도 달라진다.

사소한 갈등 따위에 연연하지 않게 되고

일을 통해 얻는 기쁨이 무엇인지 맛보게 될 것이다.

좋은 판단을
하려면

추진하고 있던 일의 방향이 막혀 있는 상황인데, 새 방향을 찾기도 어렵고, 너무 많은 사람들이 연관되어 있어 합의를 도출하기 어려운 경우를 상상해보자. 일을 책임지고 있는 당신이 이 사안에 대해 결정을 내려야 한다. 당신은 이 난관을 어떻게 벗어날 것인가? 결정을 내려야 하는 순간은 늘 힘들다. 사원이나 대리에게도 이런 결정의 순간은 온다. 물론 최종 의사결정은 부서장이나 최고경영진이 하지만 그러한 의사결정을 할 수 있도록 보고서를 작성하고 근거를 마련하는 일은 부하직원이 해야한다. 따라서 신입사원 때부터 좋은 판단을 하고 좋은 의사결정을 하는 법을 배워야 한다.

평정심을 잃지 않고
현실을 직시한다

중요한 의사결정일수록 현실을 있는 그대로 보면서 최선의 방향을 찾아야 한다. 누구나 그렇게 해야 한다고 생각은 하지만 그게 절대 쉽지 않다. 나의 경험으로는 현실을 있는 그대로 보는 것이 가장 어려웠다.

먼저 문제 상황을 맞닥뜨렸을 때, 문제의 핵심을 파악하고 이를 해결하기 위한 방책을 총동원하여 집중해야 한다. 이는 문제 해결의 원칙이다. 이때 좋은 판단을 하기 위해 전제되어야 하는 조건이 있다. 평정심을 유지하면서 현실을 있는 그대로 보는 것이다. 하지만 우리는 경력이 쌓인 회사원이나 전문가이기 이전에 인간이다. 최악의 위기 상황이라면 극도의 두려움 속에 갇혀 변변한 대처를 하지 못할 때도 있고, 어떤 때는 너무 안이하게 바라보고 있다가 위험을 막을 시기를 놓쳐버리기도 한다. 외부 환경에서 생각하지 못한 큰일을 당하면 대부분 사람은 망연자실하여 아무것도 못 하는 상태가 된다.

나도 회사생활을 하는 동안 몇 번의 큰 위기를 겪은 적이 있다. 일이 터지면 첫 주는 말 그대로 넋이 나간 채로 보냈다. 업무는 물론 개인적으로 계획해 놓았던 것들도 엉망이 되고, 모든 것이 절망적으로만 보였다. 이런 상태에서는 절대로 중요한 의사 결정을 하면 안 된다. 사실 하려고 해도 할 수 있는 상태가 아니지만 억지로 무언가 큰 결정을 내리려고 해선 안 된다. 나중에 후회할 일을 하기 십상이다.

'내가 정신을 차려야지.' 하고 의지로 이겨보려고도 하고, 자신을 채찍질해도 상실감과 두려움은 가시지 않는다. 이때는 그저 스스로에게 시간을 주고 기다리면서 현실을 받아들여야 한다. 그러다 보면 이 상황을 받아들이고 '다시 시작해야지.' 하는 마음이 들 때가 온다. 내 경험상 이 '기다리는 시간'은 절대 낭비하는 시간이 아니었다. 아무것도 안 하고 있는 것 같지만 자신도 모르게 머릿속 한구석에서는 지금의 위기를 벗어날 길을 열심히 찾고 있었다. 앞으로 어떻게 해야겠다는 여러 아이디어가 자연스럽게 떠올랐다. 그러니 조급해하지 말고 자신에게 시간을 주기를 권한다.

외부에서 오는 큰 위기는 위기라는 것을 실감하기 때문에 오히려 대처하기가 쉬울 수 있다. 우리의 판단을 흐리는 더 무서운 적은 편견과 교만이다.

내가 틀릴 수도
있음을 인정한다

우리는 누구나 선입견이나 편향성을 가지고 있다. 예컨대 '마른 사람은 성격이 예민하다, 통통한 사람은 성격이 원만하고 화도 잘 안 낼 것이다, 좋은 학교를 나온 사람은 회사 일을 잘할 것이다' 등등 수많은 편견이 있다. 사람은 누구나 자신이 보고 싶은 것만 보고 믿고 있는 대로 믿으려 하는 성향이 있다. 심리학에서는 이를 확증편향confirmation bias이라고 한다. 자신이 처음에 갖게 된 견해에 맞는 정보만 선택적으로 받아들이고 이를 지속해서 강화하는 현상을 말한다. 부족한 정보를 가지고 빨리 판단할 때는 이런 수단이 필요할 수 있다. 하지만 중요한 사안을 결정해야 할 때 이러한 편견과 편향성 때문에 돌이킬 수 없는 잘못을 저지를 수도 있다. 따라서 내 시각이 좁을 수 있고 틀릴 수 있다는 걸 지적해주는, 다양한 관점을 가진 사람을 만나고 여러 사람의 의견을 수용할 줄 알아야 한다.

회의 시간에 엉뚱한 의견도 절대 무시하지 말고 그 사람이 그런 의견을 내게 된 근거를 진지하게 묻고 타당성을 확인해야 한다. 그 근거를 확인하는 과정에서 내가 평소 가지고 있는 생각이 틀렸다는 걸 발견하게 되기도 한다.

대개 경력이 쌓이다 보면 편견과 편향이 자신도 모르는 사이에 만들어진다. 다양한 업무를 해내며 성과를 만들어낸 적이 있는 사람일수록 더 그렇다. 예전에 해봤던 일 혹은 비슷한 일을 해봤고 심지어 성공적으로 해봤다면 새로 맡은 일도 비슷한 방식으로 처리하게 된다. 성공 경험은 교만으로 이어지기 쉽다. 비슷한 일이라도 환경과 조건이 다를 수 있기 때문에 날을 세우면서 일해야 한다. 나의 경우 회사생활 중 저지른 실책 대부분은 과거의 성공 경험 때문에 비슷한 결정과 행동을 반복하다 일어난 것들이었다.

시간을 충분히 갖고 생각한다

끝으로 좋은 판단을 하기 위한 또 하나의 요령은 절대 급하게 결정하지 말라는 것이다. 나는 성격이 급해서 어떤 일을 보고 받고 결정해야 하는 일이 있으면 그 자리에서 결정하는 편이었다. 그런데 하루 이틀 지나고 보면 '아, 그게 아닌데…'라는 생각이 들어 번복하고 싶은 경우가 자주 있었다. 이를 고치기 위해 그 자리에서 결정을 내리지 않고 언제까지 결정하면 되는지 일정을 확인한 후 그때까지 기다렸다 결정을 내렸다. 중간에 특별히 고민을 더 한 것은 아니었지만 머릿속에 그 결정 사항에 대해서 생각할 자리를 만들어두었다. 확실히 결정의 질이 좋아졌고 번복하는 일이 없어지니 업무 효율이 좋아졌다.

우리는 늘 시간이 없다. 할 일은 늘 쌓여 있다. 그래서 일부러 강제로라도 여유를 만들어두어야 한다. 여유와 평정은 좋은 판단을 하는 데 큰 도움을 준다.

판단력이 좋은 사람이 되고 싶다면,

중요한 의사결정일수록 현실을 있는 그대로 보면서

최선의 방향을 찾아야 한다.

다른 사람의 의견을 경청하고

내가 평소 가지고 있는 생각이 틀릴 수도 있음을 받아들여라.

절대 급하게 결정하지 말고 여유와 평정을 갖고 판단해라.

때로는 직관의 힘을
믿어야 한다

현실에서 전략적 의사결정을 할 때는 결정에 필요한 정보가 극히 단편적이고 불확실성이 큰 경우가 많다. 가능한 한 많은 정보 수집을 하여 불확실성을 줄이면 좋겠지만 불확실한 가운데 감에 맡기고 결단을 내려야 하는 순간이 있다.

나의 경력에서 큰 고비였던 모토로라 사의 레이저 폰 사건을 겪을 때도 정보가 거의 없는 상황이었다. 우리가 갖고 있던 기존 재고는 세일 처리하여 해결했지만 새로 출시할 제품의 원가를 대폭 줄여야 했다. 출시일도 12월에서 8월로, 4개월이나 앞당겨야만 했다. 차라리 완전히 새로운 기획으로 다음 해에 신제품을 출시하는 게 합리적인 생각이었지만 휴대폰 시장에선 한번 밀려나면 회복은 영영 불가능하다. 그래서 절박한 심정으로 온 조직이 달라붙어 할 수 있는 모든 방법을 시도했다. 하지만 다들 처음 겪는 일이고 아무도 가보지 않은 길이다 보니 불확실성이 너무 컸다. 그런데 관련자들과 대책을 논의하는 과정에서 해낼 수 있을 것 같다는 느낌이 들었다. 누가 확실한 근거를 대라고 하면 할 말이 없었지만 할 수 있겠다는 감이 왔다. 고심을 거듭한 끝에 밀어붙여서 경쟁력 있는 신제품이 8월에 출시되었고 대성공을 거뒀다.

극적인 사례이긴 하지만 현실에서는 이처럼 불확실하고 정보가 적은 상황에서 가설을 세우고 그 가설 확인에 필요한 최소한의 정보에 의지하여 의사결정을 해야 하는 경우가 많다.

남다른 클래스는 직관이 좌우한다

의사결정자의 개인적 경험에 기초를 두고 그 사건이 발생하리라고 믿는 정도를 '주관적 확률'이라고 한다. 가끔은 이를 이용하는 것이 합리적일 때도 있다. 기업체를 운영한다든가 국가정책을 결정하는 사람들은 그들의 경험이나 직관, 영감에 의해 의사결정을 내리고 있다. 이들에겐 직관, 즉 감感이 있다. 직관은 자신이 축적한 지식과 기술 그리고 일에서 쌓은 경험 등이 논리적으로 결합하여 만들어진다.

분석과 검토를 많이 하려다 보면 때를 놓칠 수도 있다. 나는, 정보는 한정되어 있는데 매우 중요한 일을 결정해야 할 때, 쉽게 결론을 내릴 수가 없으니 머리가 아프도록 고민하다가 마지막 단계에서는 나의 직관을 믿고 행동했다.

'전쟁 중에 작전 지휘관이 잘못 판단하면 여럿이 목숨을 잃지만, 우리는 잘못되어 봐야 직장을 잃기밖에 더 하겠어?'

'이리 죽으나 저리 죽으나 마찬가지니 질러나 보고 죽자.'

한편으로는 이렇게 대담한 척 도전했지만 마음은 무척 떨렸다. 때로는 성공했고 때로는 실패했지만 시기가 늦거나 결정을 못 내려 일을 망친 적은 별로 없었던 것 같다.

수많은 시행을 통해서 배우게 되는 지식을 절차기억(암묵기억)이라고 한다. 자전거 타는 법이나 피아노를 연주하는 것처럼 연습을 많이 할수록 기억을 더 많이 저장해서 잘 잊히지 않는 기억이다. 직관이나 감도 마찬가지 맥락이다. 수십 년 경력을 지닌 부서장이나 임원이 '감이 온다' '느낌이 안 좋다'라는 말을 할 때 왜 그런 말을 하는지 한번 관찰해보라. 연차가 적은 직원에겐 그

것도 공부가 될 수 있다. 상사들은 수많은 시행착오를 경험하며 쌓은 빅데이터에 의해 '감'을 느꼈을 수 있다.

경영자의 직관과 감이 중요한가 아닌가에 대해서는 여전히 논란이 있다. 2030 세대가 보기에 감대로 경영하는 대표는 신뢰가 안 갈 수도 있다. 하지만 탁월한 인재의 직관은 인공지능으로도 대체되기 어려운 역량이다. 직관은 갑자기 드는 막연한 감정이 아니다. 경험을 쌓고 지식을 늘려가고 늘 배우는 자세로 임하는 사람에게서 나타나는 차별화된 능력이다. 불확실한 상황에서도 제대로 된 결단을 할 수 있으려면 평소에 최대한 배우고 나의 것으로 내재화하는 습관을 지니고 있어야 한다.

직관은 갑자기 드는 막연한 감정이 아니다.

경험을 쌓고 지식을 늘려가고

늘 배우는 자세로 임하는 사람에게서

나타나는 차별화된 능력이다.

성과를 내고 싶다면
길부터 잘 닦아야 한다

대부분의 사람은 어떤 업무 지시가 떨어지면 수동적으로 임한다. '시키는 대로만 한다' '월급만큼만 한다'는 태도로 상사가 시키는 것, 딱 그만큼만 한다. 하지만 성과를 내는 사람으로 인정받고 싶다면 상사가 시키는 일이 아니라 내 마음이 시키는 대로 일해야 한다. 또한 내가 추진하는 일을 잘 성사시키려면, 나의 능력이나 전략 외에도 필요한 것이 있다. 바로 정치적 입지와 조직 문화에 대한 이해다.

'정치적' 입지란 나의 일을 추진하는 데 필요한 자원을 동원하고 반대를 극복할 수 있는 능력을 말한다. 한정된 예산과 인력을 내가 하는 일에 배당받기 위해서는 상사, 동료, 후배, 나아가 연관 부서 담당자들의 지지도 얻어내야 한다. 내 일을 반대하는 사람들의 방해를 헤쳐 나가려면 결정적인 사람들의 지원도 필요하다. '사내 정치'를 하라는 얘기가 아니고, 평소에 일을 통해 '내가 어떤 사람인지'를 보여주라는 뜻이다.

나의 가치를 끌어올려라

평소에 새로운 사업에 대한 내 생각을 전달하고 이 사업의 성과를 인식할 수 있도록 소통하여 우리가 같은 가치를 추구한다는 의식을 만들어내야 한다. 중요한 사안에 대해서는 양보할 것은 양보하면서 자원과 협력을 이끌 줄도 알아야 한다.

'한번 약속한 것은 반드시 시키는 사람.'

'자기 부서만 생각하는 게 아니라 회사 전체의 관점에서 판단하는 사람.'

이러한 평판을 차근차근 만들어 나가면 필요할 때 도움을 받기가 좋다. 그런데 현실적으로 새로운 일을 맡아서 성과를 내기까지는 적게 잡아도 2년 정도는 걸린다. 내 경험상 정치적 입지를 유지할 수 있는 기간은 보통 6개월에서 1년이었다. 1년이 지나도 별다른 성과가 나타나지 않으면 상사도 이제 기대감을 접게 될 테니 지원을 받기가 어려워질 수밖에 없다.

이런 상황을 감안할 때 새로 일을 맡으면 6개월 이내 성과가 날 수 있는 테마, 1년 정도 되면 성과가 나타날 수 있는 테마, 성과가 크지만 2년 이상 숙성되어야 하는 테마로 일을 구분하여, 이를 적절히 배합한 업무 포트폴리오를 구성하여 운영할 것을 권한다. 너무 단기에만 집중하는 것도, 너무 장기에만 집중하는 것도 바람직하지 않다.

정치적 입지를 다질 때는 조직 문화도 파악해야 한다. 정확하게는 조직의 의사결정 구조와 조직의 가치를 이해해야 한다. 조직 문화에 따라 추구하는 목표가 다르기 때문이다. 혁신과 실험을 강조하는 회사도 있고 새로운 일에 신중하고 보수적인 회사도 있다.

혁신을 추구하는 회사는 신속하게 새로운 시도를 하는 것을 적극적으로 지원하기 때문에 새로운 사업을 추진할 때 거침이 없다. 반면 의사결정이 느리고 보수적인 구조를 가진 회사에서 새로운 일을 하려면 더 많은 준비를 해야 한다. 보수적 조직 문화에서는 특히나 말이 앞서는 사람을 극히 불신하기 때문에, 좋은 아이디어가 있더라도 기술이나 마케팅 면에서 충분히 검증될 때까지는 비밀 프로젝트로 진행해야 할 수도 있다.

모험적인 프로젝트는
조용하고 신중하게

㈜LG 대표이사 사장 시절, GM과 의기투합해 GM의 차세대 전기차 '쉐보레 볼트 EV'를 개발하기로 했다. 이 모델의 목표는 '한 번 충전으로 200마일 이상을 달리는 전기차'를 만드는 것이었다.

LG화학은 배터리를 책임지고 LG전자는 전기차의 '심장'에 해당하는 구동 모터를 비롯해 배터리팩, 인포테인먼트(정보+엔터테인먼트) 시스템 등 모두 11종의 부품을 공급하기로 했다. 전기차 관련 부품 솔루션 사업에서 완성차 메이커들보다 먼저 배터리, 동력 모터, 에어컨 컴프레서 등 관련 기술들을 개발한 후 완성차 업체와 함께 상용제품을 시장에 내놓아 소비자의 심판을 받고 완성도를 높여야 했다.

당시 LG는 검증되지 않은 기술이나 시장 진입에 대해 신중한 조직 문화를 가지고 있었다. 그래서 스마트폰 사업에서도 완성도가 부족한 기술이지만 먼저 시장에 제품을 내놓은 후 소비자의 피드백을 받아 가면서 완성도를 높이는 시도를 너무 늦게 하는 바람에 휴대폰 시장에서 고전했었다.

이 때문에 전기차 관련자들은 남들보다 먼저 시행착오를 겪는 것을 최우선에 두었다. 다만 조직 문화를 감안하여 처음에는 로키low-key 전략으로 조용하고 신중하게 행동했다. low-key는 '많은 이목을 끌지 않도록 억제된'이라는 뜻이다. 거의 숨겨서 진행하다가 약 2년 뒤에 시제품을 만들고 뛰어난 가속 성능과 주행 성능을 확인하고 나서야 주요 경영진에게 공개했다. 결과는 매우 긍정적이어서 이후 각 계열사로부터 훨씬 적극적인 지원을 받게 되었다. 만약 처음부터 떠들썩하게 추진했다면 1년쯤 된 시점에서는 여기저기서 비판의 목소리가 나왔을 것이다.

평범함을 비범함으로
만드는 전략

지금까지의 이야기를 듣고 '임원이나 부서장쯤은 되어야 자원을 활용할 수 있게 되는 것 아닌가?'라고 생각할지도 모르겠다. 하지만 꼭 그렇지는 않다. 사원, 대리, 과장급에서 내 일에 필요한 자원을 만들고 동원하는 방법이 있다.

가장 기본은 상사를 활용하는 것이다. 해당 프로젝트의 필요성에 대해 자금과 인력 동원 권한을 가진 상사를 납득시키면 된다. 그래서 보고서를 설득력 있게 잘 써야 하고 프레젠테이션을 잘해야 한다. 물론 잘된 보고서 하나만 보고 상사가 자원을 배분해주지는 않는다. 보고서가 아무리 완벽해도 그 내용만 믿을 수는 없다. 여기에 평소의 발표자에 대한 신뢰도가 가산점으로 작용하게 된다. 프로젝트를 책임지게 될 담당자가 믿음직하지 않다면 보고서의 신뢰성도 떨어질 수밖에 없다. 평소에 크든 작든 맡은 일에 대해 확실하게 제대로 일해야 하는 이유가 여기에 있다. 작은 일이라도 나에게 맡겨진 일은 관련된 일 전체를 파악하면서 해내야 한다.

일단 보고서를 통해 상사의 동의를 받았다면 해당 프로젝트에 투입될 자원에 대해 협상을 해야 한다. 필요한 자금과 인력을 모두 확보하기는 어려울 것이다. 내가 양보할 것과 꼭 지켜야 할 것을 미리 생각해두었다가 상황에 따라 줄다리기를 해야 한다. 나에게 필요한 사람이 다른 부서 소속이라면 해당 부서장과 협상하는 상황도 염두에 두어야 한다.

물론 내가 다른 부서장보다 직급이 낮은 경우, 직접 자원 동원 관련 협상을 하기는 현실적으로 어렵다. 이때는 결국 상사가 나서줘야 한다. 내 일에 상사를 동원하는 것이 쉬운 일은 아니지만, 평소 상사에게 진행 상황을 잘 보고해놓는다면 기회를 잡을 수도 있다.

대개 상사들이 싫어하는 것 중 하나가 서프라이즈(의외의 상황 전개)다. 잘되고 있는 줄 알았던 일이 갑자기 전혀 모르고 있던 장애를 만나 진행이 어렵게 되면 상사는 당황스러울 것이고, 담당 직원에 대해서는 무능하다고 생각하게 될 것이다.

미리 보고도 안 하고 혼자 진행하다가 어려움이 닥치자 그제야 도와달라고 하는 부하도 좋게 보이지 않는다. 그래서 계속해서 진행 상황을 업데이트해주고 예상되는 문제점들을 미리 말해두는 게 좋다.

"이번 건은 부장님이 나서주셔야 해결이 될 것 같습니다. 적절한 시점에 전화 한번 넣어주시면 좋겠습니다."

그러면 상사도 참여 의식이 높아지고 실제 도움이 되려는 마음이 강화될 것이다.

이제 프로젝트가 시작되었다면 성과를 내야 한다. 주기적인 회의를 통해 진행 상황을 점검하고 문제점이 있다면 원인을 파악하고 해결해야 한다. 당연히 크고 작은 난관에 부딪힐 것이고 시행착오를 겪게 될 것이다. 그때 좌절하지 않아야 한다. 일정에 맞춰 성과를 낼 수 있도록 관련자들을 독려하고 지원해야 한다. 이렇게 작은 것부터라도 나만의 일을 계획하고 실행하고 성과를 내다 보면 자연스럽게 일 잘하는 인재라는 평가를 받게 될 것이다. 지금 눈에 띄지 않는 부서에서 낮은 직급으로 일하고 있더라도 눈에 띄는 성과를 올릴 방법은 얼마든지 있다.

성과를 내려면 '정치적 입지'를 만들 줄 알아야 한다.

내가 하려는 일에 투입될 예산과 인력을 확보하려면,

평소에 내가 어떤 능력을 갖추고 있는지,

얼마나 성실하고 열정적인지를 보여주고,

내가 하는 일을 늘 상사와 공유해야 한다.

작지만 강력한
디테일의 힘

옛말에 공격에 실패한 장수는 용서해도 진지 수비에 허점을 보인 장수는 용서가 안 된다고 했다. 업무에서도 마찬가지다. 계산실수, 잘못된 가정, 틀린 철자 등 사소한 실수들이 당신의 신뢰성을 무너뜨릴 수 있음을 명심해야 한다. 이처럼 작은 일에서 실수가 없다고 해서 일 잘하는 사람이 되는 것은 아니지만 이런 디테일이 약하면 일을 못하는 사람이라는 평판은 너무나 쉽게 만들어진다.

대충 살면
기회는 없다

중국의 근대 소설가 후스胡適의 단편소설 『차부두어 선생전差不多 先生傳』은 '차부두어'라는 사람이 주인공이다. 중국어 差不多는 '별 차이가 없다', '대강 같다', '그게 그거다'라는 뜻이다. 차부두어는 어머니가 황설탕을 사오라고 했는데 백설탕을 사오고서는 황설탕이나 백설탕이나 그게 그거니 별 차이 없다고 하고, 기차 시간에 2분 늦어 기차를 놓치고서는 반성하기는커녕, 오늘 가나 내일 가나 그게 그건데 정시에 출발해버린 기차를 원망한다. 그러던 어느 날 차부두어 선생이 병에 걸려 죽게 생겼는데 가족들이 명의 왕 선생을 찾지 못해 결국 수의사 왕 선생을 데려왔다. 차부두어는 의사를 잘못 데려온 걸 알았지만 명의 왕 선생이나 수의사 왕 선생이나 그게 그거라며 빨리 치료해달라고 했다. 결국 병이 더 악화하여 죽으면서도 이렇게 말했다.

"사는 거나 죽는 거나 그게 그거지. 뭘 그리 열심히 살려고 하나."

중국인들의 대충대충 하는 의식을 풍자한 소설인데 우리의 일 처리 방식도 대충 하는 식이 아닌지 돌아볼 필요가 있다. 우리도 과거에는 시시콜콜 따지는 사람을 소인배라고 여기고, 차이를 따지는 것보다 좋은 게 좋은 거라고 수용할 줄 아는 사람을 군자라고 여겼다. 요즘엔 대충 적당히 일하고 월급만큼만, 해고당하지 않을 정도로만 일하는 게 실용적이라는 생각이 유행한다고 한다.

현명하게 살아가는 방식일 수도 있으나 직장에서 이처럼 방어적인 태도로 일한다면 좀 더 도전적이고 창의적인 일에 참여할 기회를 얻기가 힘들다. 그게 그거니 대충 적당히 일하는 게 아니라 철저하고 완벽하게 일하겠다는 목표를 세우고 성과를 만들어야 나 자신뿐 아니라 남에게도 존재감을 증명할 수 있다. 일에서 '디테일', 즉 '철저함'을 가지고 있다는 것은 새로운 기회를 만들어낼 발전 기회를 갖고 있다는 뜻이다.

독보적 우위는
디테일에서 나온다

연구실에서 아무리 대단한 기술을 개발해도 그 기술을 상용화하여 시장에 상품으로 내놓기 위해서는 기술 외에 수많은 면에서 공을 들여야 한다. 혁신적인 기술로 제품을 만들었다 해도 성공적인 상용화를 위해서는 최후의 2~3%에서 분명히 차이가 나도록 품질을 끌어올려야 한다. 좀 과장해서 얘기하자면 전체 노력과 비용의 30%는 기술 개발과 시제품 제작에 쓰이고, 나머지 70%는 최후의 2~3% 품질 향상을 위한 디테일 작업에 쓰인다.

시장에서 통하는 상품을 제때 생산하여 공급하려면 연구개발, 완제품 생산, 부품 생산, 구매 관리, 품질 관리 등 수많은 분야를 완벽하게 점검하고 리스크를 사전에 파악하여 관리해야 한다.

내가 심혈을 기울여 출시했던 혁신적 모듈러 스마트폰 G5는 최초로 배터리와 추가 부품 등을 탈착할 수 있는 모듈식 디자인과 후면 듀얼 카메라를 탑재하며 시장에서 뜨거운 반응을 얻었다. 하지만 금속 케이스 품질 관리 실패와 생산 물량 공급 부족으로 결국 실패하고 말았다.

G5 스마트폰 사업을 복기하며 실패의 원인을 분석했다. 금속 케이스 생산은 스마트폰 디자인에선 처음 시도한 것인데, 예전에도 늘 좋은 성과를 냈던 생산기술팀이 이번에도 품질과 생산성 문제를 해결해낼 것이라고 기대했다. 이렇게 리스크가 크다고 생각했으면 중복 투자가 되더라도 당시 검토하던 대안적 생산 방식에도 투자하여 리스크를 최소화했어야 했다. 전체 프로젝트

규모와 중요성을 생각했을 때 200~300억 원 정도의 중복 투자
는 그리 큰 투자도 아니었다. 아무리 좋은 아이디어를 냈다 해
도 이를 철저히 실행에 옮기고 예상되는 문제점들을 사전에 점
검하여 관리하지 않는다면 전혀 생각지도 못한 곳에서 문제가
터져 나와 전체를 망칠 수 있다.

잘 준비된 프레젠테이션도 오타 하나 때문에 보고 내용의 신
뢰성이 떨어져 실패하기도 한다. '뭐 그런 사소한 문제를 가지고
실패했다고 하는 거지?'라고 생각할지 모르겠다. 하지만 보고를
받는 사람은 저런 소소한 것도 챙기지 못하는 사람이 큰 프로젝
트를 맡았을 때 꼼꼼하게 모든 문제를 예상하고 리스크 관리를
할 수 있을지에 대해 의구심을 가질 수 있다.

프레젠테이션을 할 때, 특히 경쟁 프레젠테이션을 할 때는 발
표자에게 질문이 집중되기 때문에 프로젝트 전체를 파악하고
있는 팀 리더가 발표를 맡는다. 팀원들에게 각각 자료수집, 일정
관리, 작성 등의 업무를 지시하고 나서는 디테일 관리를 해야
한다. 발표 스토리 라인 기획부터 발표 스킬, 예상 질문 등등.

대기업이나 중견기업에 다닌다고 하면 중요한 프레젠테이션
은 멋지게 해낼 것 같지만 디테일을 직접 챙기지 않아 간단한
질문에도 답을 못해 커리어를 망쳤다는 얘기를 심심치 않게 들

는다. 어떤 일을 하든 작은 노력이라도 더 하면 일의 결과는 달라진다. 그 적은 노력이 바로 디테일이고 정성이다.

그렇다고 모든 일의 디테일을 100% 완벽하게 챙겨야 한다는 말은 아니다. 모든 일을 완벽하게 해야 직성이 풀리는 완벽주의자는 속도와 일정을 맞추지 못할 수 있다. 특히나 지금처럼 경영 환경이 급변할 때 디테일의 완벽을 추구하다가는 타이밍을 놓치기 십상이다. 중요한 일을 골라 그렇게 하라는 얘기다. 나의 능력이 100이라면 그중 20은 집중해야 할 것과 아닌 것을 판단하는 데 쏟아야 한다. 그러고 나서 핵심적인 부분에 집중해서 디테일을 놓치지 말아야 한다.

적당히 월급만큼만 일하는 게 현명하게 사는 방식일 수도 있으나 직장에서 이처럼 방어적인 태도로 임하면 대규모 프로젝트에 참여할 기회는 만나기 힘들 것이다. 일 잘하는 사람들을 잘 살펴보면, 모두 일에 대해 철저하고 디테일에 강하다. 디테일의 힘을 가진 사람은 새로운 기회에 도전하고 남보다 한 차원 더 성장한다.

나는 회사에서
중요한 사람인가

예전 직장 동료 중에 자기가 없으면 일이 안 돌아가게 해놓는 사람이 있었다. 공적인 기록을 거의 남기지 않고, 남기더라도 마치 의사가 의학용어를 영어 약자로 진료 기록을 남기듯 자기만 알아볼 수 있도록 메모했다. 그가 출장이나 휴가로 자리를 비우기라도 하면 아무도 그 사람이 하던 일을 대신 처리할 수가 없었다. 게다가 그가 맡은 거래선들이 소규모 업체이다 보니 체계적으로 일하는 곳이 아니었고 그 역시 체계가 없어서 단시간에 업무를 파악해 대신 일하기는 불가능했다. 자신이 자리를 비울 때 동료들이 자신을 중요하고 필요한 존재라고 생각하도록 하는 게 전략이었을지 모르겠으나 그와 일하는 부서들은 늘 애를 먹었다. 결국 그는 다른 좋은 자질이 있었음에도 임원까지 오르지는 못했다.

회사에서 일 잘한다는 평판을 듣는 사람들의 공통점 중 하나가 일을 체계적으로 한다는 것이다. 업무를 기록으로 남기고 업무 분류 체계에 따라 자기가 처리하는 모든 일을 분류하여 저장한다. 일 하나하나에 마무리가 깔끔해서 뒤탈이 날 일을 남겨두지도 않는다. 업무를 위임하든 이관하든 어떤 사람이 와도 그 체계만 이해하면 금방 처리할 수 있다.

요즘은 회사의 업무 프로세스가 거의 IT 시스템화되어 체계화된 프로세스에 따라 일을 진행하고 시스템이 요구하는 대로 데이터를 입력하지 않으면 일이 돌아가지 않기도 한다. 시스템을 따르지 않으면 금방 표가 나기 때문에 개개인이 얼마나 체계적으로 일하는지 아닌지가 과거보다 덜 중요해지긴 했다. 하지만 업무 중 부딪히는 크고 작은 문제들을 IT 시스템이 전부 커버해 줄 수는 없다.

예컨대 내가 구매 업무를 담당하고 있다면, 구매 경쟁력을 유지하기 위해서는 끊임없이 경쟁력 있는 공급업체를 발굴해야 한다. 그렇게 하려면 공식 프로세스에 포함하기 전에 평소 가능성 있는 업체들을 수소문해서 미리 접촉하고 분석해둘 필요가 있다. 체계적으로 일하는 사람은 잠재적 공급업체들에 대한 정보를 잘 정리해서 유지할 것이다.

중요한 인재의 자질 – 체계, 공유, 멘토링

회사에서 원하는 또 한 가지는 자기가 하는 일을 적절히 공유하는 것이다. 어느 조직이나 각각 개인이 하는 일의 진행 상황과 그때그때 부딪히는 문제점들을 상사나 동료에게 공유하는 절차가 있다. 이는 구성원들이 전체적으로 일이 어떻게 돌아가는지 파악하고 각자의 일을 스스로 조율하는 데 필요한 절차다. 물론 보안이 필요한 경우도 있지만 원칙적으로 구성원들은 조직 내에서 일어나는 일을 알고 있어야 불필요한 시간 낭비나 실수를 줄일 수 있다.

중요한 일임에도 불확실하거나 애매한 사안이라고 중간보고를 안 하고 있다가 나중에 큰일을 만드는 사람이 있다. 상사나 동료들이 가장 싫어하는 유형의 직원이다. 더 심각한 것은 동료가 자기 일을 알면 자기 자리를 위협할 수 있다고 생각해서 후임자를 안 키우고, 잠재적 후임자를 견제하여 아무런 정보를 주지 않는 사람이다.

회사에 꼭 필요한 인재가 되는 것은 중요한 일이다. 그 사람이 있기 때문에 문제가 잘 해결되고 관련 부서들과의 협력이 원활해진다면 참 좋은 인재일 것이다. 그런데 이 사람이 일에 체계가 없거나 조직에 숨기는 일이 많거나 후임자를 키우지 않는다면 중책을 맡기기 어렵다.

자기가 없으면 일이 안 돌아가게 해놓는 사람 중에 회삿돈을 착복한다든지 자기 실수를 덮기 위해 십수 년씩 장부를 조작해놓은 사람이 있었다. 그 직원은 인력을 보충해주겠다 해도 손사래를 치고 몇 년 동안이나 휴가도 가지 않았다. 늘 회사 일만 해서 충성심이 크다는 평판이 자자했는데 알고 보니 회삿돈을 빼돌려 주식 투자를 했다가 큰 손실을 보고 이를 메우기 위해 더 큰돈을 빼돌렸다는 것이다. 드문 사례이긴 하지만 어떤 조직이든 일이 돌아가지 않게 만드는 사람은 경계해야 한다.

작은 회사에서도 개인에게 어떤 분야를 전적으로 맡기기보다는 되도록 각 직원이 복수의 분야를 맡아 부 업무는 다른 사람을 보조하도록 하고, 전체 업무 흐름은 항상 공유하는 방식으로 일을 조직하는 것이 좋다. 복수 분야를 맡는다는 것이 쉽지 않은 일이라 다들 그렇게 하고 싶어하지 않을 것이다. 이때 이런 일을 솔선해서 하는 직원이 좋은 평가를 받으리라는 것은 자명하다.

회사에 꼭 필요한 사람은 자기 일을 잘하면서 자기가 없어도 일이 잘 돌아가도록 일을 체계적으로 하고 자신을 대신할 수 있는 사람을 항상 키우고 있는 사람이다. 이런 사람은 언제든지 회사에 중요한 프로젝트에 참여할 기회가 높다. 더 비전 있는 팀에 재배치될 수도 있고 여타 능력이 받쳐준다면 더 책임 있는 자리로 승진할 수도 있다.

회사에 꼭 필요한 사람은

자기 일을 잘하면서 자기가 없어도

일이 잘 돌아가도록 일을 체계적으로 하고

자신을 대신 할 수 있는 사람을

항상 키우고 있는 사람이다.

나만의
지적 자산을 만들어라

LG 그룹 인재훈련센터인 LG 인화원에서 원장으로 일하던 시절, 미국 유명 하이테크 회사들을 방문하여 임원 교육에 대해 경영진과 의견을 나누며 궁금한 점을 물었다.

"지금 당신의 회사에서 가장 먼저 해결해야 할 문제가 있다면 무엇인가요?"

"우리 회사는 기술 전문가 배경을 가진 사람들이 많은데, 부서장직에 있으면서도 자신이 책임지고 있는 부서의 전체적 관리, 특히 사람 관리를 하는 것보다 자기가 직접 기술적 문제 해결 과정에 뛰어들어 일하기를 좋아해요. 그들에게 사람 관리에도 자기 시간과 에너지의 30~40%를 쓰도록 설득하고 훈련시키고 있습니다."

미국 하이테크 회사들이 지속해서 기술 혁신을 주도해가는데는 이처럼 전문가들이 지속해서 전문성을 높여가려고 하는문화도 한몫하는 것 같았다. 우리나라와는 대조적인 문화다.

대부분의 한국 회사에서는 관리직이 되거나 부서의 책임자가 되면 전문 지식 습득이나 역량 강화에 게을러지기 시작한다. 그래서 부서 내에 새로운 프로젝트를 하거나 일에 문제가 생길 때 관리자들이 문제 해결에 직접적인 도움을 주지 못한다. 그저 직원들을 다그치거나 격려할 뿐이다. 연구소에서 신제품 개발 프로젝트를 할 때, 프로젝트 책임자가 첨단 기술에 대한 전문성이 없어 일정 관리만 하게 되는 경우를 많이 보았다. 관리자로 승진한 후에는 부하직원들의 보고만 받고 스스로 생각하거나 전문역량을 키우려는 노력을 중단했기 때문이다.

이는 기술 분야에만 국한된 것이 아니다. 회계 부서든 기획부서든 구매 부서든 실무를 손에서 놓는 순간 전문성은 퇴화하기 시작한다. 일에 대해 지적만 할 뿐 어려움에 부닥쳤을 때 뛰어들어 도와주지 못하는 관리자를 존경하는 부하직원은 없다. 그래서 회사 내 지위가 높아지더라도 자기 에너지의 최소 20~30%

는 전문 지식의 업데이트와 실무 업무 참여에 쓰는 것이 좋다. 회사에 보고하는 주요 기획안이나 발표 자료는 자신이 스스로 만들고 고객이나 협력사도 정기적으로 만나 현장감을 잃지 않도록 노력해야 한다.

오늘은 어제와 달라야 한다

사회가 급속히 디지털화되어 가고 조직의 수평화가 진행되고 있다. 당신이 지금 막 입사한 상태라면 경력 내내 관리직을 맡지 않고 자신의 전문 분야에서 혼자 일하는 전문가로 일하게 될 확률이 높다. 자신의 전문성을 인정받는 것은 사활이 걸린 문제가 될 것이다.

내 일의 전문성을 높이는 좋은 방법은 자기 경험을 지적 재산화하는 것이다. 같은 일을 10년을 해도 10년 경력의 전문가로 인정받는 사람이 있는 반면 1년 경험을 10년간 반복하여 10년이 지나도 전문가로 대접받지 못하는 사람도 있다. 경험이 노하우화되어 축적되느냐 아니냐의 차이다.

노하우를 축적하려면 끊임없이 새로운 지식을 적용해보고 새로운 시도를 해보는 것이 중요하다. 새로운 시도가 안 통하면 안 통하는 이유를, 잘 통하면 잘 통하는 이유를 파악하고 잘 통했던 시도를 좀 더 개선할 방법을 구상하여 다시 시도해본다. 이처럼 지속적 배움과 시행착오를 통해 자신만의 노하우를 축적하고 이를 체계화하여 지적 자산화하면 우선 회사 내에서 해당 분야의 전문가로 대접받을 수 있다. 일단 이것만 해도 오래 경력을 쌓아갈 수 있는 토대를 만든 셈이다.

늘 성장하는 힘을 기른다

더 나아가 이를 회사 내외의 전문가들에게 적절히 공유하면 업계에서 전문가로 자리 잡게 된다. 우리 경제가 패스트팔로어Fast Follower, 추격자로서 급속 성장을 하다 보니 세계 무대에서 각 분야의 전문 지식을 발전시키는 데 기여할 수 있는 기회가 많지 않았다. 여러 분야의 세계 표준을 만드는 데도 많은 활약을 하지 못했다. 각 전문가가 노하우를 많이 쌓아 이를 지식 재산화하여 세계 표준을 만드는 데 이바지한다면 회사는 물론 개인에게도 경력상으로나 금전적으로 큰 도움이 될 것이다. 나의 회사 동료는 미국 회사에서 근무하던 시절 만든 디지털 방송 관련 기술이 세계 표준으로 채택되는 바람에 이를 사용하는 회사들로부터 해마다 적지 않은 로열티를 받았다. 이 때문에 주변의 부러움을 샀는데 당신도 얼마든지 이러한 사례의 주인공이 될 수 있다.

향후의 세상은 개인 전문가가 되든 관리직이 되든 자기 분야의 전문성이 있어야 살아남을 수 있다. 그래서 항상 실무를 놓지 말고 해당 분야의 새로운 지식을 배우고 시행착오를 통해 노하우를 끊임없이 축적해야 한다.

직장생활을 하는 사람은

끊임없이 전문 역량을

키우려고 노력해야 한다.

나중에 중간관리자나

임원이 되었을 때

지적질만 하는 상사가 될 것인가?

직접 뛰어들어

도와주는 상사가 될 것인가?

3장

인성이 전부다

좋은 인성이
처세술을 이긴다

회사의 중책을 맡길 사람을 고를 때 능력만큼이나 중요하게 고려하는 것은 인성이다. 성품이 정직한지, 권력을 갖게 되었을 때 남용하지는 않을지, 사적 이익을 먼저 앞세우지는 않을지, 회사를 배신하고 위해를 가하는 일을 하지는 않을지 등을 세심하게 들여다본다. 간혹 해당 업무를 해낼 수 있는 능력을 갖춘 사람이 없는 경우에는 어쩔 수 없이 인성이 좀 안 좋은 사람에게 일을 맡길 때도 있지만 오래가지는 못한다.

조직의 현실적인 업무 요구를 실행해내고 성과를 만들어내는 행동 특성을 역량이라고 한다면, 인성은 그 역량을 발휘할 수 있도록 만드는 개인의 성격이나 성품을 말한다.

올바른 인성과
건강한 정서

과거에 '인성 좋은 사람'의 정
의가 잘못 사용된 적이 있었다. 온갖 어려움을 잘 참고 견디고
상사의 비난에도 자존심을 굽히며 자신의 감정을 숨기고 일하
는 사람을 가리켰던 것이다. 이제는 인식이 제대로 잡혀서, 대기
업이나 중견기업에서 인재를 채용할 때 인성 적합성 검사를 통
해 인성 면접을 한다. 여기서 말하는 인성은 인격이나 됨됨이
는 물론이고 일에 대한 근성, 열정, 책임감, 희생정신 등을 포함
한다.

상대방에게 잘 보이려는 얄팍한 처세술로는 인성을 포장할 수
없다. 물론 처세라는 말은 가치중립적인 말이다. 사람들과 좋은
인간관계를 맺으며 어떤 자세로 살아갈 것인가에 대한 지혜를
뜻하며, 세상을 잘 살아가기 위한 기술이자 세상을 살면서 내
것을 잘 지키고 손해를 보지 않기 위한 기술을 뜻하기도 한다.
내가 여기서 말하는 처세술이란 능력은 따라주지 않는데 권력
이 어디에 있는지에만 관심을 두며 약삭빠르게 자신의 이익을

취하려 하는 기술을 뜻한다.

최근 사회 분위기는 약삭빠르지 못하면 손해를 본다는 생각이 팽배한 것 같다. 그래서 그런지 처세술에 관한 책이나 동영상이 넘쳐난다. 표정 관리, 옷차림, 강한 인상을 주기 위한 발성법까지 상대에게 호감을 주기 위한 방법이 다양하게 소개된다. 다른 사람이 나에 대해 좋은 평가를 하게 만들어 좋은 기회를 얻는 기술이 있어서 나쁠 것은 없지만, 남에게 호감을 얻기 위한 행동으로 감춘 진짜 모습은 언젠가는 드러난다.

회사에서는 늘 겸손하고 친절하고 일도 잘하는 사람이었는데, 가족에게 함부로 하는 건 물론이고 사회적 약자들을 무시하며 거칠게 대하는 사람들도 많다. 내가 무척 존경하던 상사가 사소한 일로 식당에서 큰 소리로 종업원을 야단치는 것을 보면서 더 이상 존경하지 않게 된 기억도 있다. 이런 일들은 대체로 사회적 긴장을 늦추었을 때 일어난다. 그래서 사회적으로 성공했다는 사람들이 아내, 자녀, 비서 그리고 운전기사에게 존경받기가 어려운 것이다.

교통 단속이 잦은 학교 앞에선 경찰차를 신경 쓰느라 늘 교통 규칙을 준수하는데 강변북로를 달리다가 과속 카메라에 찍힌 경험을 한 적이 있지는 않은가? 사실 살다 보면 이런 일은 종종 겪게 되는데, 남들 눈을 신경 쓰느라 조심스럽게 행동하다가도 아무도 없을 때는 나의 본 모습이 나오기 때문이다. 세상에 보여주기 위한 처세술은 마치 특별 단속을 염두에 두고 그것에 신경 쓰면서 운전하는 것과 비슷하다. 남들이 보는 데서는 모든 규칙을 잘 지키지만 남의 눈이 없는 곳에서는 법을 지키지 않거나 편법을 쓰는 것 말이다. 이런 편법은 잠시만 긴장을 늦추면 드러난다. 그래서 평소에 인격을 갖추도록 노력해야 한다.

통찰력과 인격을 갖춘 사람

"우리가 반복적으로 하는 행동이 곧 우리 자신이다."

아리스토텔레스가 한 말이다. 남이 보든 보지 않든 한결같이 바르게 행동해야 한다. 자기 행동에 대해 책임을 지며, 타인과의 약속을 지키고, 다른 사람들을 존중하며 친절하게 행동하고, 바른 말을 사용하는 것은 좋은 인성의 기본이다. 그런데 사회생활을 하다 보면 이처럼 인성의 기본을 갖춘 사람을 만나기가 쉽지 않다. 미래 시대에 살아남기 위해서는 인성 역량이 꼭 필요하다.

이 책을 읽는 사람 중에는 나처럼 고지식하여 일상생활에서도 바르게 살지 않으면 마음이 불편해서 견디기 힘들어하는 사람이 있을 것이다. 가끔은 이런 태도 때문에 나만 손해를 보는 것 같은 기분이 들지도 모른다. 하지만 기왕 좋은 성품을 가졌다면 쓸데없이 처세술이나 남으로부터 호감을 얻는 법 같은 것에 신경 쓰지 말았으면 한다. 자기 자신의 방식대로 살아가면 된다. 어차피 모든 사람이 나를 좋아할 수는 없다. 모두가 좋아하는 사람은 세상에 존재하지도 않는다.

회사는 돈을 벌어야 하는 조직이므로 당연히 능력이 받쳐줘야 하겠지만 동시에 회사는 늘 인성이 괜찮은 사람을 중용하고 싶어한다. 당신의 상사나 동료도 제대로 된 판단력을 가진 사람이라면 능력과 인성을 갖춘 사람과 함께 일하기를 바랄 것이다. 다시 한번 강조하지만 정직함, 권력을 바르게 사용하는 자세, 겸손함, 배신하지 않을 것이라는 믿음 등은 항상 존중받는 인성이다.

미래 시대에 살아남기 위해서는

인성 역량이 꼭 필요하다.

기왕 좋은 성품을 가졌다면 쓸데없이

처세술이나 남으로부터 호감을 얻는 법 같은 것에

신경 쓰지 말았으면 한다.

회사는 늘 인성이 괜찮은 사람을 중용하고 싶어한다.

용기가
있어야 한다

모든 사회생활이 그렇지만 회사에서는 특히 더 끊임없이 구성원의 업무 성과와 함께 개개인의 용기를 시험한다.

정직하게 살려면
용기가 필요하다

회사생활을 정직하게 하는 사람은 용기가 있는 사람이다. 어떤 일을 맡든지 자신의 업무에 대해서 기대되는 결과를 만들어내면서 정직하게 현실을 보고하고, 부당한 압력이나 지시는 거부해야 하는데, 대부분 혹시나 그렇게 했다가 그로 인해 불이익을 받게 될까 봐 원칙대로 하는 것에 대해 고민한다. 그러다 한두 번 타협하기 시작하면 이제 다시 되돌리기가 어려워진다. 불리함을 감수하고 실수나 사고를 정직하게 고백하기가 점점 힘들어질 수밖에 없다. 그래서 용기가 필요하다.

부정한 일을
거절할 용기

남에게 이용당하지 않고 살아가려면 용기가 필요하다. 세상에는 좋은 사람도 많지만, 융통성 없고 마음 약한 사람들을 골라내 편법에 이용하려 드는 나쁜 사람도 있다. 그들에게 약한 사람은 그저 괴롭힘의 대상일 뿐이다. 처음에 한두 번 참아주면 점점 더 강도를 높여 가며 압박을 가할 것이다. 늘 착하고 온화한 사람도 이런 사람에게는 단호하게 맞서야 한다. 눈을 똑바로 바라보며 더 이상은 안 된다고 분명하게 말해야 한다. 그들은 친절하게 대하면 함부로 해도 괜찮다고 생각하는, 무례한 사람들이다.

나는 원래 다혈질인 면이 있어 평소 조용히 지내다가도 '이건 아니다' 싶으면 상대와 맞서 싸우기도 했다. 특히나 부당하고 부정한 일을 보면 참지 못해서 평생 분노를 자제하는 노력을 하면서 살았다. 그런데 내 주변에 있는 좋은 사람들은 너무 착하다 보니 편법에 협조하라고 압박하는 사람들에게 당하곤 했다. 온화한 성격이더라도 나쁜 사람 앞에서는 강하게 보일 필요가 있다.

"저 사람은 참 고지식하고 선량한데 절대로 만만히 보면 안돼. 다른 사람이 선을 넘으면 감당 못할 만큼 세게 반격하니 함부로 건드리지 않는 게 좋아."

이런 평판을 만들어가는 것이 바르게 살기 위한 요령 중 하나다.

후회 없이 대담하게 결정할 용기

의사결정을 하는 데도 용기가 중요하다. 직위가 올라감에 따라 중요한 의사결정을 내려야 하는 일도 많아진다. 그런데 대개 큰 사안일수록 불확실한 상황에서 부족한 정보만 가지고 결정해야 하는 경우가 많다. 중대한 결정을 할 때는 불안을 안고 담대하게 결정하는 용기가 필요하다.

업무를 둘러싼 환경과 실태를 있는 그대로 보는 것은 두려운 일이다. 사람들은 누구나 현실을 있는 그대로 보지 않고 마음이 편한 쪽으로 보는 경향이 있다. 주변 환경이 불리한 쪽으로 변하고 있어도 사업 성과가 나빠지는 것을 직접 눈으로 확인하기 전까지는 계속 현실을 부정한다.

최근 미중 간의 대립이 격화되고 한국 경제의 높은 중국 의존도가 큰 문제로 두드러지고 있지만 이런 조짐은 사실 10여 년 전부터 나타나고 있었다. 당시 미국의 움직임을 자세히 관찰하고 있던 여러 연구기관이, 미국 행정부나 의회는 물론 대표적 친중 세력이던 월 스트리트마저 중국 정부의 시장규제와 자국 기업 감싸기에 등을 돌리고 있다고 보고하고 있었다.

한국 기업들 내에서도 중국에 공장 투자를 계속 늘리는 것에 대해 우려의 목소리가 있었지만, 당시 최고경영진들은 수십 년간 지속되어온 세계화가 근본적으로 방향을 틀 것이라는 생각 자체를 하지 않으려고 했다. 워낙 투자를 많이 해놓은 데다 매출과 수익의 큰 부분을 중국 시장에 의존하고 있다 보니 환경이 변하고 있다는 사실을 받아들이는 것이 매우 불편했던 것 같다.

당시 나는 미국과 중국 상황을 접할 기회가 많았던 터라 한국 정부나 기업들의 인식이 잘 안 바뀌고 있는 것이 안타까웠다. 결국 상황이 완전히 무르익어 나라의 경제나 기업의 성과에 직접적인 타격이 올 때가 되자 중국 의존도의 심각성과 위험성에 대한 인식이 바뀌기 시작했다. (우리나라 정책당국이나 기업들은 일단 상황이 확실히 인지되면 대응 속도는 타의 추종을 불허할 만큼 빠르니 지금 당장은 힘들어도 4~5년 지나면 새로운 국제 질서에 적응할 것으로 믿는다.)

이처럼 거창한 세계적 환경 변화만이 아니라, 일상에서 업무를 둘러싼 환경도 마찬가지다. 얼마 전 국내 패션 중심지였던 동대문 쇼핑몰 앞을 지나게 되었다. 밀리오레, 두타몰, apm 등이 아직 있었지만, 저녁 시간인데도 행인이 뜸했다. 한때는 전국에서 소매상들이 몰려오고 해외에도 패션 명소로 알려져 수입상뿐 아니라 관광객들이 몰려드는 곳이었는데 지금은 찾는 사람들이 줄어 한산했다.

물론 COVID-19 직격탄을 맞은 탓도 크겠지만 온라인 쇼핑몰이 의류 시장 대부분을 차지하고 있어서 오프라인 쇼핑몰은 내리막길을 걷고 있었다. 사실 COVID-19 이전부터 인터넷으로 직접 구매하는 비중이 점차 늘어나고 있었는데 그 잠재적 파급력을 인지하지 못한 탓도 있다. 관광객들은 우리나라에 방문에서 물건을 사겠다는 목적보다는 다양한 한국 문화를 체험하는 것에 더 관심이 많다. 고객들의 소비 패턴과 행동 패턴이 바뀌다 보니 이러한 집단 상가들이 상권을 회복하지 못하고 있는 것이다.

상황의 변화는 조용히 물밑에서 진행되다가 임계점을 넘으면 갑자기 수면 위로 드러나 우리 삶을 흔들어 놓는다. 여러 징조가 나타나고 있는데도 보고 싶은 것만 보고 있다가는 중요한 결정을 내릴 시기를 놓치고 만다.

필요할 때 용기를 낼 줄 아는 사람은 직장에서 더 높은 평가를 받는다. 태어날 때부터 용기가 있는 사람은 없다. 정직할 용기, 거절할 용기, 담대해질 용기 등은 꾸준한 노력으로 만들 수 있다.

회사생활을 하다 보면 적정할 때 용기를 낼 줄 알아야 한다. 나의 소신대로 정직하게 일하려면 용기가 필요하다. 부정한 일에 이용당하지 않으려면 우아하게 거절할 용기가 필요하다. 담대한 의사결정을 내리기 위해서도 용기가 있어야 한다. 용기 역량은 좋은 리더를 만든다.

겸손해야
한다

"인생의 가장 큰 병폐는 '오傲'라는 한 글자에 있다."

중국 명나라 때의 사상가 왕양명이 『전습록』에 쓴 말이다. 여기서 '傲'는 거만한 태도를 말한다. 우리는 '겸손하라'는 말을 많이 하지만 겸손한 사람이 되는 건 쉽지 않다. 오히려 지금은 자기 능력이든 물질적인 것이든 자랑하고 드러내는 게 미덕으로 여겨지는 세상이다. 하지만 직장에서, 자신의 일이 얼마나 중요한지, 자신이 얼마나 잘났는지 떠벌리고 다니는 사람은 크게 성공하기 힘들다.

능력이 있으면서 겸손한 사람에게는 큰 책임을 맡길 수 있다.

능력은 부족하지만 겸손한 사람은 그 능력에 맞는 책임을 맡기면 된다. 문제는 능력은 있는데 교만한 사람이다. 이런 사람에게 큰 책임을 맡기면 작게는 그 사람이 망가지고 크게는 회사가 망한다.

겸손이 없는 조직은
위대해질 수 없다

짐 콜린스는 『좋은 기업에서 위대한 기업으로』에서 좋은 기업과 위대한 기업의 차이를 만드는 리더십 특징은 '겸손'이라고 했다. 열정적이면서도 겸손한 리더가 조직을 성공으로 이끈다는 것이다. 겸손한 리더는 협력하는 문화를 만들고, 자신이 모르는 부분을 인정하고 타인의 의견을 존중하며, 편견 없이 소통하며 조직이 활발하게 움직이도록 돕는다.

그런데 직장에서 겸손하지 않으면 어떤 일이 생길까?

우선 중요한 판단을 그르치기 쉽다. 운칠기삼이라는 말을 앞서 했다. 일의 성사 여부는 운이 70% 결정하고 능력은 30%에 불과하다는 얘기였다. 좋은 성과가 나오려면 여러 환경이 함께 잘 맞아떨어져야 한다.

성과가 좋았다면 자신이 잘 판단해서가 아니라, 전임자의 적절한 조치나 마침 그 일에 딱 맞는 능력을 갖춘 사람들이 나의 팀에서 일하고 있었기 때문이라고 생각해야 한다.

겸손하지 않은 사람의 눈에는 이런 것이 보이지 않는다. 자신의 상황 통제력에 대해서도 과도하게 자신감이 넘친다. 난관이 예상되는데도 '이제까지 잘 해왔듯이 이번에도 어떻게든 돌파할 거야.'라고 믿는다.

물론 성과를 내는 인재들을 보면 모두 난관을 만났을 때 헤쳐 나가기 위해 그 누구보다 많이 애쓴다. 그렇게 성공 경험을 하고, 점점 성공 경험들이 쌓이면 자신도 모르는 사이에 자기 경험과 생각만 믿고 잘못된 판단을 밀어붙이는 때가 온다.

이때 겸손한 사람은 자기 주변에, 현실을 있는 그대로 얘기해 줄 수 있는 사람을 두고 듣기 싫은 소리를 들으려고 애쓴다. 겸손하지 않은 사람 주변으로는 듣기 좋은 소리만 하는 아첨꾼들이 모인다. 귀에 달콤한 말들은 현실에 대한 정직한 판단을 못하게 하는 독약이 되고 만다. 게다가 겸손하지 않으면, 어떤 일이 잘되든 안되든 그 원인을 성찰할 수가 없다. 그러다 보니 경험에서 배우는 것이 없어지고 같은 실패를 반복하기 쉽다.

잠재적 적을
만들지 마라

다산 정약용은 "겸손은 사람을 머물게 한다."라고 했다. 겸손하지 않은 사람은 잠재적 지지자를 등 돌리게 만들고, 잠재적 반대자들을 만들어낸다.

"그 사람이 하는 말은 맞는 말이긴 한데 태도가 건방져서 그 말대로 하기 싫더라고."

예전에 한 동료가 회의를 하고 오더니 이런 이야기를 한 적이 있었다. 그 사람의 주장이 일리가 있고 평소에 생각하고 있던 바이기도 해서 동조하고 싶었는데 너무 잘난 체를 하니 그 사람의 말에 따르고 싶지 않아졌다는 것이다.

이처럼 안 좋은 인상을 주면 나만 모르는 적이 만들어진다. 자신감이 있는 것과 오만하고 교만한 것은 천지 차이다. 세상에는 일부러 드러내지 않아도 드러나는 아름다움이 있다. 내 조직에서 내가 성과를 냈다면 이미 나와 함께 일한 동료들은 알고 있다. 평소 높은 성과를 내면서도 겸손한 태도를 지녀야 불필요한 적을 만들지 않는다. 그래야 혹시나 난관에 부딪혔을 때 재도전의 기회를 얻을 수 있다.

특히 고지식한 사람이라면 오만한 느낌을 주지 않도록 더 노력해야 한다. 더 쉽게 오해받고 자신도 모르게 잠재적 적을 만들었을지 모르기 때문이다. 아무리 정직하고 부당한 지시를 거부한다고 하더라도 도덕적 우월감을 가져서는 안 된다. 그런 마음을 가지면 자신도 모르게 언행 속에 상대방을 낮춰 보는 태도가 드러난다. 상대방은 당연히 기분이 나빠지고 원래 생각했던 것보다 더 안 좋은 쪽으로 가게 된다. 실적이 좋을 때는 가만히 있다가 사업 환경이 나빠져서 실적이 나빠지면, 뒤에서 부정적인 평가를 하며 평판을 깎아내리고 입지가 좁아지게 할 것이다. 실제로 이런 경우를 여러 번 보았다.

중요한 일을 맡았다면 더 겸손하라

남들이 어려워하는 일을 하는 사람은 더욱 겸손해야 한다. 위기를 맞은 조직에 점령군처럼 들어와 우월감을 드러내면서 지금까지 해오던 방식을 전부 부정하고 기존 구성원들을 전부 비판하면 모두가 적이 될 수밖에 없다. 새로운 부서장의 뜻대로 행할 리도 없다.

어려운 일을 맡을수록 다른 사람의 마음을 헤아리고 배려해야 하며, 팀원들이 스스로 참여할 수 있게 해야 한다. 지금까지의 수고를 인정하고 한두 가지 고쳐야 할 것이 있다고 한 후 이를 집중적으로 파고들어 눈에 보이는 변화를 만들어내면 조직 구성원들도 더 마음을 열 것이다.

사람은 존중받고 있다고 느낄 때 마음을 연다. 겸손한 사람은 다른 사람의 생각을 존중하고 그들의 기여를 인정한다. 의견이 다를 때 자기가 권한이 있다고 남을 무시하는 것이 아니라 끝까지 상대방의 말을 들은 후 자기의 이야기를 한다. 토론 후에도 의견이 다르면 '당신의 의견도 일리 있지만 나는 이런 점 때문에 이렇게 결정해야 할 것 같다. 이번 건에는 내 판단을 따라주기를 바란다'라고 말하면 서운해하지 않을 것이다.

일이 잘못되더라도 다른 사람에게 책임을 전가하지 말고 자신이 져야 한다. 일이 잘되었을 때는 의견이 달랐음에도 자기의 결정을 존중해준 부하직원과 공을 나누어야 한다.

마지막으로 비굴한 것을 겸손한 것으로 착각하지 않기를 바란다. 비굴한 것과 겸손한 것은 다르다. 겸손은 자기가 옳다고 생각하는 것을 당당하게 행하되 자신이 틀릴 수 있음을 늘 의식하는 것이다. 주관이 분명한 사람이 겸손할 수 있는 법이다. 자신의 주관이 분명하지 않은 사람이 다른 사람 앞에서 고개 숙이는 것은 비굴한 것이다.

겸손하지 못한 사람은

그동안 이룬 성공에 도취해서

자만심과 교만함에 빠져

결국 홀로 격리되고 만다.

몇 번의 성공을 경험했다고

교만에 빠지지 말자.

전략적으로
잘 거절하는 법

회사생활에는 적당히 타협하고 원칙을 어기라는 압력도 많다. 동료들 간의 암묵적인 압력도 그렇고 권력을 가진 회사 내외 인사들의 압력도 자주 있다. 원칙에 어긋나는 일을 거절하거나 동참하지 않겠다고 하면 윗선에서 당장은 '알겠다, 이해한다'고 답할 텐데 그게 끝이 아니다. 나중에 내 실적이 나빠지거나 중요한 인사 시즌이 되면 크든 작든 보복을 당할 수 있다. 안타깝게도 이런 사례는 너무나 흔하다.

절대 상대의 감정을
상하게 하지 마라

이럴 경우 정중하고 예의를 지켜 거절하는 것이 중요하다. 절대 청탁자의 체면을 구겨서는 안 된다. 상대가 무안하거나 서운하지 않도록, 도저히 이런 사유 때문에 들어주기가 어렵다는 것을 설명하면 대부분은 납득한다. 우리 사회가 나름 진정성을 가지고 원칙을 지키는 사람에 대해서는 인정해주는 부분도 있기 때문이다. 힘들더라도 시간이 지나면 진정성을 인정받을 것이다. '지위 고하를 막론하고 청탁을 받지 않는 사람'이라는 평판이 생기면 점차 청탁하는 사람이 없어진다. 이때 조심할 것은 한 번이라도 예외가 있으면 안 된다는 것이다. 예외가 생긴 순간, 모든 것이 무너진다. 심하면 한 번의 예외 때문에 회사생활을 그만두어야 할 수도 있다. 깨끗한 줄 알았는데 그렇지 않다는 것을 알면 사람들은 배신감 때문에 더 분노하게 마련이다.

원칙을 지키려면 불이익을 감수하고 버텨야 한다. 그러다 보면 음해당하거나 경력상에 큰 해를 당하는 일도 있다. 그런데 이때도 내가 실력만 갖추고 있다면 반드시 좋은 기회가 찾아온다. 어느 조직이나 같은 것을 놓고 나쁘게 보는 사람도 있고 좋게 보는 사람도 있다. 제대로 된 조직이라면 실력 있는 사람을 놓치지 않는다.

특히나 고위직 인사는 성과에 대한 압력이 워낙 크기 때문에 실력 있는 인재에 대한 갈급함이 심하다. 그래서 실력과 인성을 갖춘 인재에 대해서는 늘 눈여겨보고 아낀다. 심지어 권모술수를 즐기고 권력을 추구하는 사람들조차도 인재를 구하고 중용하는 수가 많다. 성과를 내는 데는 실력 있는 인재가 꼭 필요하기 때문이다. 나 역시, 생각지도 못했던 사람이 나를 대변해주고 중책을 맡도록 천거해주는 바람에 경력상에 큰 기회를 얻은 적이 적지 않았다.

원칙은 있고
예외는 없어야 한다

한번은 내가 미국법인장을 맡고 있을 때 한국에서 파견 나오는 주재원들의 영주권을 회사에서 스폰서할 것인가가 큰 논쟁거리가 된 적이 있다. 미국법인에서 일하려면 취업 비자(L 비자)가 필요한데 이때 비자 신청인은 개인이 아니라 신청인을 고용하는 회사다. 그런데 이 취업 비자는 신청자가 미국에서 영구히 체류할 이민 의도가 있어도 비자를 받는 데 결격사유가 되지 않는다. 이런 점에서 미국에 체류하면서 영주권을 신청하면 미국 내에서 신분 변경이 가능하다. 간편하게 비이민 비자 소지자에서 미국 영주권자가 될 수 있으니 한국으로 돌아가지 않는 일이 많았다.

과거에는 회사에서 특별한 방침도 없었고 자녀의 교육 문제도 있어서 별생각 없이 본인이 원하면 영주권 신청 시 스폰서를 해주었다. 그런데 파견 나왔던 엔지니어들 중에 임기가 끝났는데 귀임하지 않고 주저앉는 사례가 많이 나오다 보니 영주권 스폰서를 중단한다는 회사 방침을 정했다. 엔지니어뿐 아니라 모든 주재원에게도 스폰서를 하지 않기로 했다.

그런데 어느 날 관리 담당 임원이 찾아왔다. 한 직원이 개인 사정상 영주권 신청하기를 희망하는데 어떻게 하면 좋겠냐고 물었다. 사정을 듣고 보니 필요성은 알겠지만 회사 방침이 있으니 안 된다고 했다. 그러고 났더니 여기저기서 연락이 왔다. 그 사람만은 예외를 적용해달라는 것이다. 이 말을 했던 사람은 꽤 영향력이 있는 임원이어서 부담스러웠다. 하지만 이렇게 예외를 인정하기 시작하면 회사의 원칙은 물론이고 나의 원칙도 무너질 것 같았다. 인사상 보복의 가능성을 두려워하면서도 끝까지 버틸 수밖에 없었다. 결국 내가 법인장으로 재임하는 중에는 예외를 두지 않고 영주권 스폰서를 하지 않았다.

그런데 내가 한국으로 귀임한 후 법인 주재원 중 몇 명이 편법으로 영주권을 취득했다가 드러나는 바람에 회사를 그만두게 되었다는 소식을 들었다. 자녀 교육 때문에 압박과 유혹을 못 견뎠던 것 같은데 개인적으로나 회사로 보나 참 안타까운 일이었다.

거절은
우아하고 솔직하게

부당한 압력을 받을 때 공격적으로 반응하면 억울하게도 손해 보는 사람은 결국 나 자신이다. 압력의 부당성은 눈에 띄는 것이 아니라서, 인성이 나쁘다고 하거나 일에 대한 태도가 잘못되었다는 식으로 엄한 트집을 잡아 공격을 해댈 것이다. 거절할 때는 메신저나 문자보다는 직접 얼굴을 보고 말하거나 최소한 전화를 하는 것이 좋다. 반드시 정중히 예의를 갖춰야 한다. 때에 따라서는 제삼자나 담당 직원도 관여할 수 없는 평가 기준이나 절차를 만들어놓고 이를 근거 삼아 거절하는 것도 요령이다. 언젠가 동료들과의 자리에서 누군가 이런 말을 했다.

"별로 실용성도 없는데 왜 TOEIC 점수를 회사 응시 서류에 포함하는지 모르겠어."

"그거라도 있어야 청탁에 정중하게 거절할 이유를 대지."

다른 동료가 농담처럼 답했지만 농담만은 아니었을 것이다.

부당한 압력을 받을 때 상대가 권력이 큰 사람이라면 당연히 압박감을 느끼고 큰 스트레스를 받게 된다. 그런데 실무자가 실무적 이유로 버티면 권력 있는 사람도 함부로 하지는 못하는 게 현실이다. 나중에 보복할 정도로 치졸한 사람이면 소속 부서를 바꾸도록 노력하거나 다른 회사로 전직하는 편이 낫다고 마음 편히 먹자. 이런 사람은 부탁받은 사람이 두려워할 때만 힘을 발휘한다. 일이 잘못되면 실무자를 도와주지도 않는다. 실무자의 판단이었을 뿐 자기는 보고 받거나 지시한 적이 없다고 발뺌할 것이다. 부당한 압력에는 부드러우면서도 강하게 버텨야 한다.

일을 하다 보면 밖에서든 위에서든 청탁이나 부정한 일에 대한 압박을 받을 때가 있다. 나는 올바른 일을 한다고 생각하며 거절했는데 나중에 보복당하는 경우도 흔하다. 거절할 때는 부드럽지만 강한 태도로 전략을 잘 세우고 임해야 한다.

부정과 불의에 대한
분별력을 가져라

부정과 불의에 대한 유혹은 예상치 못하게 찾아온다. 처음부터 부정처럼 보이는 일을 저지르는 경우는 별로 없다. 처음에는 작은 일탈로 시작해서 점점 더 큰 부정과 거짓으로 빠진다. 주변에서 작심하고 함정에 빠뜨리는 일도 있다.

부정의 시작은
미미하다

회사 임원이 된 지 얼마 안 되었을 때, 사원 시절에 함께 일했던 동료가 해외 근무 중 거래선에서 주는 선물을 받았다가 해고되었다는 얘기를 전해 듣고 안타까워한 적이 있다. 그런데 그 무렵 공교롭게도 사원 시절 동료들이 포함된 모임 약속이 있었다. 약속 장소에 조금 늦게 도착하여 구두를 벗고 있는데 안에서 익숙한 목소리들이 들렸다. 예전에 함께 일했던 부하직원들이 하필 내 얘기를 하고 있었다.

"예전에 과장님에게 회사에서 빼돌린 전자기기 샘플 줄 때, 하도 안 받으려 해서 마음 졸였는데 '이거 시스템상 반품하기가 어려워서 그렇다'고 하니 받더라고."

가장 성실하다고 생각했던 직원들이었는데, 둘이서 그런 작당을 했었다니 황당하고 배신감이 들었다.

"바이어에게 보내려고 샘플을 출하했는데 바이어 쪽에서 더 이상 필요 없다고 해서요. 회사에 반납하려니 절차가 너무 까다로운데 이번 한 번만 과장님이 그냥 쓰시면 안 될까요?"

며칠 동안 쫓아다니며 너무 난감하다며 진지하게 부탁하길래 못 이긴 체 받아서 누군가에게 선물했던 기억이 났다. 그러고 보니 그 무렵 사원들이 제품 샘플들을 시중에 팔아 술값으로 쓴다는 소문이 돌기도 했다. 설마 그럴 리가 있겠냐며 웃고 넘어갔는데 내 부서에서도 나만 모르는 일이 일어나고 있었고 나도 어느새 함정에 걸려들고 말았던 것이다.

회사 제품 샘플을 팔아 회식비나 마련하려는 치기 어린 행동이었다지만, 엄연히 회사 재산을 엉뚱한 데 사용하는 일이 내 팀에서 일어나고 있었는데 까맣게 모르고 또 거기에 말려들기까지 했으니 변명의 여지가 없는 나의 잘못이었다.

모임 자리에 들어가서, 이를 무용담으로 얘기하는 후배들에게 아무 얘기도 안 했지만, 속으로는 착잡하고 부끄러웠다. 그리고 다시는 이런 일이 없도록 조심해야겠다고 마음을 다잡았다. 덕분에 나중에 큰 책임을 맡게 되었을 때 알게 모르게 일어나는 주변의 부정행위에 대해 경계를 늦추지 않는 계기가 되었다.

회사에서 사람이 부정부패에 물드는 과정을 보면 그 시작은 별 게 아니다. 처음에는 선의를 가장한 선물로 시작한다. 빈손으로 오기 뭐해서 샀다고 하거나 우리 회사에서 만드는 제품인데 소비자 반응을 보기 위해 나누어주는 제품이니 부담 가지지 말라고 하는 식이다. 주변에서 이런 일들을 보고 나서는 아예 회사와 관련된 사람들과는 선물을 일절 주고받지 않았다. (책만은 예외로 했다.) 명절 때 상사에게 선물한 적도 없고 출장 간다고 현지 직원들에게 선물을 준비해간 적도 없었다. 누구도 나에게 선물을 보내지 못하도록 집 주소는 절대 공개하지 않았다. 이 때문에 앞뒤가 막힌 사람이라는 얘기를 많이 들었다.

부정과 부패는
조직의 암이다

　　　　　　　　　　　과거의 좋은 기억과 금전을 매개로 접근해오는 경우도 있다. 대학 졸업 후 오랫동안 만나지 못했던 친구한테서 모임에 나오라는 연락을 받았다. 옛 친구 몇 명이 같이 나왔기에 반가운 마음에 함께 저녁을 나누면서 이런저런 추억을 얘기했다. 이후에도 몇 번 더 만나 좋은 시간을 보냈다. 그런데 어느 날 그 친구가 계열사의 구매 담당을 소개해달라고 했다. 좋은 소재가 있는데 공급 가능성을 타진해보겠다고 했다. 여기까지는 괜찮았다. 어차피 회사들은 좋은 공급업체를 지속해서 새로 발굴해야 하니 잘되길 바라면서 연결해주었다. 다음에 다시 만났을 때는, 돌려 말하기는 했지만, 해당 계열사에 압력을 넣어달라고 했다.

　"네가 그룹 본사에 있으니까 잘 말해서 힘 좀 써보면 안 될까? 잘 되면 우리 회사 지분을 나눠줄 수도 있어."

　그도 대기업 고위 임원이었는데 이런 청탁을 하려고 접근한 건가 싶어 한편으로는 기가 막히고 한편으로는 화가 났다. 백번 양보해서 작은 기업 관련자였다면 험난한 경쟁에서 살아남기 어려워서 그랬을 거라고 이해는 할 수 있다. 하지만 대기업의 부정부패는 시장을 왜곡할 수도 있다. 대기업 고위 임원이라면 너무나도 잘 알고 있을 터였다. 그 자리에서 완곡하게 거절하고 그들과는 다시 만나지 않았다. 그 일 이후 동창 모임에도 일절 나가지 않았다.

세상에는 부정부패를, 지위가 상승함에 따라 자연스럽게 찾아오는 특권이라고 생각하는 사람들도 적지 않다. 공직에는 판공비니, 기밀비니 해서 영수증을 첨부하지 않아도 되는 경비가 있다. 사정 기관이 비밀리에 정보원을 운영하는 데 쓴다든지 하는 극히 예외적인 경우라면 몰라도 왜 이런 '묻지 마' 비용이 지금도 허용되는지 모르겠다. 여하튼 이런 돈을 급여 일부처럼 쓰는 사례가 문제가 되곤 한다. 법인카드 쓰는 것을 직위에 따른 특권쯤으로 생각하고 접대비를 사적인 목적으로 쓰는 사례는 너무 흔하다. 이는 특권이 아니라 범죄다. 절대 부러워하지도, 따라 하지도 말아야 한다.

수백억 원씩 공금 횡령을 한 사람도 처음부터 그렇게 하는 경우는 별로 없다. 갑자기 집에 돈이 필요해서 회삿돈 몇백만 원을 썼다가 채워 넣고 조마조마했는데 별일 없이 넘어갔다면 한두 번 더 해보고 그래도 아무 일이 없었다면 더 큰 일을 저지른다.

또한 부정부패는 '관행'이라는 이름으로 다가온다. 종종 근무 시간을 속여 야근수당을 챙기는 공무원에 대한 뉴스가 나오 곤 하는데, 과거에는 민간 회사에서도 거짓 근무로 수당을 챙기는 관행이 있었다. 일찍 퇴근하면서 야근하는 동료에게 대신 서명해달라고 하거나 퇴근 후 외식하고 회사로 돌아와 일한 것처럼 서명하는 것이다. 남들도 다 하는 관행이라고 허용하다 보면 점점 범위를 넓혀 출장비를 횡령하거나 유흥비를 고객 접대비로 속이거나 개인적인 일을 회사 비용으로 처리하는 등 본격적인 부정부패가 시작된다.

젊은 세대라고 이런 일이 없을 리 없다. 조심하지 않으면 자기도 모르게 부정부패의 공범이 되어 옴짝달싹 못 하게 될 수 있다. 주변에서 관행대로 올바르지 않은 행동을 하더라도 최소한 자신은 그러지 말아야 한다. 당신이 잘못된 관행에 따르지 않으면 대부분은 쉬쉬하며 자기들끼리만 그렇게 할 것이다.

문제는 주변에서 관행을 따르라고 압력을 가할 때다. 이 정도까지 왔다면 선택을 해야 한다. 회사의 감사팀에 신고하든지, 부서를 옮기든지, 그것도 안 되면 회사를 옮겨야 한다. 매사에는 때가 있는 법이다. 신고나 탈출을 할 타이밍을 놓치고 엉거주춤한 상태로 있다가는 문제가 발생했을 때 당신도 한패로 몰릴 수 있다. 심한 경우에는 부패했던 사람들이 평소에 미운털이 박혀 있던 당신을 공범으로 몰 수도 있다. 영화 같은 얘기처럼 들리겠지만, 현실이다.

부정부패는 별것 아닌 일로 시작되고

'관행'이라는 이름으로 다가온다.

조금이라도 옳지 않다고 생각되고,

조금이라도 동의가 되지 않으면,

단호히 거절해라.

배려하고
존중해야 한다

나는 늘 스스로 남에게 배려를 잘한다고 생각했다. 수년 전의 그 일이 없었다면 그 후로도 오랫동안 착각을 하고 살았을 것이다.

LG정보통신에 기획 담당 임원으로 부임하여 한창 의욕적으로 일하던 때였다. 하루는 우리 집에 놀러 온 이모님이 친구 아들이 LG정보통신에 다닌다며 이야기를 전해주셨다. 회식이 있는 날엔 집에 오자마자 배고프다며 라면을 끓여달라고 한단다. 새로 온 임원이 음식을 조금만 시키게 해서 밤까지 배고프게 앉아 있다 온다는 것이었다. 명색이 대기업 회식인데 그럴 리가 없다고 웃어넘기려 했는데, 가만 보니 우리 부서 이야기인 것 같았다.

회식 자리에서 선임 직원에게 음식을 충분히 시키되 남기지 말라고 했던 게 생각났다. 평소 음식 남기는 것을 싫어하여 그렇게 말하고는 잊어버렸는데 이후 회식 때마다 '남기지 않아야 한다'라는 생각에 음식을 적게 시켰던 모양이다. 그 시절에는 상사가 한 말은 군말 없이 명령처럼 따르는 게 직장 예절이었다. 나중에 부서 회의에서 나의 발언에 대해 사과했다. 조직에서 불만이 없어 보인다고 해서 문제가 없는 게 아니라는 것을 실감한 사건이었다.

나는 잘 배려하는 사람이라고 생각하는가

개인주의 성향이 강하고 원칙을 중시하는 사람은 자기 눈높이에 못 미치게 일하는 사람에게 냉정하다. 부족한 부분에 대해서는 매섭게 질책하기도 한다. 회사로서는 조직의 기강을 세우는 데 도움이 되니 나쁠 게 없다. 하지만 업무 사항에 대해 단호하고 분명한 태도로 임하더라도 후배의 실수나 부족한 점에 대해 '화'를 내거나 '분노'해서는 안 된다. 회사에서 예민하게 감정을 표출할 필요도 없고 소용도 없다. '나도 신입 때는 저랬지.' 하는 마음으로 이해하며 공감 능력을 키워야 한다. 그리고 그들에게 필요한 것이 무엇인지 파악하고 그들이 하는 말을 귀담아들어야 한다. 이는 후배들의 사기와 정신 건강에도 중요하지만, 당신이 일을 잘하기 위해서라도 꼭 필요한 일이다.

어떤 조직이든 지위가 높아지면 현장의 생생한 정보에서도 멀어진다. 특히 나쁜 소식은 사전에 걸러지고 다듬어져서 두루뭉술한 이야기가 되어 위로 올라온다. 그런데 상사가 화를 잘 내는 성격이라면 아예 보고되지 않을 수도 있다. 자기들끼리 해결하려고 하다가 문제가 걷잡을 수 없이 커지고 나서야 어쩔 수 없이 보고될 수도 있다. 감정 조절을 못 하는 사람은 어떤 경우든 맡은 업무에서 큰 손실을 보게 될 가능성이 크다.

한편 팀원이나 후배에게 너무 완벽하게 보이려 하는 것도 사람을 멀어지게 한다. 너무 질려서 다가오지 않게 될 수 있다. 나에게는 두 번의 아픈 경험이 있었다.

처음 과장이 되어 부하직원들이 생기자 책임감과 의욕이 넘쳤다. 팀원들에게 모범이 되고 싶었고 존경받고 싶었다. 모든 일에 한 치도 어긋나지 않으려고 노력했다. 매일 아침 7시에 출근해서 그날 할 일을 계획하고, 평소에는 부서 전체가 돌아가는 일을 전부 파악하고 있다가 결정적인 순간에 담당자를 불러 목표 의식과 성취욕을 북돋우거나 위기 탈출을 도왔다. 그때 나는 직원들을 도왔다고 생각했는데 그들은 상사가 어깨 너머로 뒤에서 일을 감시하고 있다고 느꼈던 것 같다. 부서 회식에서도 흐트러진 모습을 보이지 않으려고 애썼다. 워낙 술 실력이 없어서이기도 했고 미국 회사 경험도 있다 보니 다른 관리자들과는 달리, 업무상 어려움이 있으면 술의 힘을 빌리지 않고 맨정신으로 얘기하는 것을 좋아했기 때문이다. 당시 나는 꽤 시대를 앞서가고 있다고 생각하고 있었다.

세월이 흘러 과장 시절의 옛 부하직원 중 한 명이 심각한 노이로제 증상으로 치료를 받고 있다는 얘기를 듣게 되었다. 그런데 나를 업무상 롤모델로 삼고 일하며 너무 무리하다가 좌절감이 반복돼 마음이 힘들어진 것이라고 했다. 그때 내가 한 프로젝트의 팀장을 맡았을 때 외부 전문가로 참여했던 회계사가 나 때문에 심리 치료를 받았다는 얘기도 생각났다. 이 회계사도 나처럼 7시에 출근하여 밤늦게까지 일하면서 자기 고유 분야만이 아니고 관련 업무 전반을 철저하게 파악하며 일하다가 번아웃되었다고 한다. 나도 번아웃되어 몇 년을 고생한 그 업무 스타일을 모델로 삼았으니 당연한 결과였다.

나와 밀접하게 일하던 두 사람이 내가 일하는 모습을 보며 그렇게 해야 성공한다는 강박을 가지게 되고 이로 인해 노이로제가 생겼다면 이게 그저 우연일까? 내가 너무 일에만 매달리고 나의 약점을 드러내지 않으려고 '옳은 얘기와 옳은 행동'만 하던 것이 그들을 숨 막히게 한 것은 아닌지 돌아보게 되었다. 그들이 어려움을 토로하고 싶어도 '너무 잘 나고 빈틈없는 사람이라 고민 상담 같은 건 안 들어줄 것 같아.'라고 생각했던 건 아닐까?

80년대, 90년대 직장인들은 힘든 일이 있으면 술자리에서 술주정을 핑계로 묵은 감정을 털어버리곤 했다. 요즘에야 직장 내에 마음챙김을 전담하는 부서도 생기고 직원들 정신 건강을 관리하는 것도 회사의 책임이지만 그 시대에는 개인의 마음 관리보다는 성장이 더 우선순위였다. 스트레스를 푸는 가장 쉬운 수단은 회식과 술이었다. 그런데 그런 게 불가능한 상사와 일하기가 참 빡빡하고 힘겨웠을 것이다. 마음이 섬세하고 예민했던 그 두 사람은 몇 배나 더 힘들었을 텐데 주변을 돌아보지 않고 앞만 보고 달렸던 나의 잘못이다. 섬세하게 직원들의 성향을 감안했다면 좋았을 텐데⋯ 너무 미안한 마음이다.

배려에 대한
오해와 이해

주변을 돌아보고 배려하는 것은 일을 잘하기 위해서도 필요하다. 부장 시절 큰 프로젝트를 맡아 각 계열사에서 파견되어 온 여러 직원들과 함께 일한 적이 있다. 하루는 최고경영진에 중간 보고를 하던 중, 방향 설정에 중요한 요인 하나가 부정적이라 방향을 틀어야 했는데 이를 놓쳐 크게 질책을 받았다. 프로젝트실에 돌아와 낙담하고 있는데 한 직원이 다가왔다.

"부장님, 사실 저희도 이미 그 문제를 발견하여 걱정하고 있던 차였습니다."

"그래요? 그런데 왜 미리 나에게 얘기를 안 했던 거죠?"

"평소 워낙 꼼꼼하고 빈틈이 없으셔서 이미 알고 계실 거라고 생각했습니다."

그 얘기를 들으니 맥이 풀리고 서운하기도 하고 배신감에 분하기도 했다. 그런데 곰곰이 생각해보니 문제는 리더인 나에게 있었다. 일에 의욕이 넘쳐 혼자 주인의식을 가지고 프로젝트를 추진하다 보니, 다른 사람들이 주인의식을 가지고 동참할 여지를 주지 않았던 것이다. 사람은 누구나 의미 있는 일을 하고 싶어 하고 지금 하고 있는 일에서 의미 있는 기여를 하고 싶어 한다. 그런데 나는 그때만 해도 너무 혼자 의욕에 넘쳐 부하직원이나 동료의 마음을 헤아리고, 프로젝트 방향 설정과 결론에 주인으로 참여시켜야 한다는 생각을 못 하고 있었다.

이후 나는 업무 스타일을 크게 바꾸었다. 그전에는 나 혼자 프로젝트 방향과 중간 결론을 구체적으로 정리하여 팀 내부 회의 시간에 발표하고 일을 분담시켰었다. 이후로는 되도록 회의 시간에 방향과 토론을 통해 결론을 도출하고 일을 분담시켰다. 처음에는 토론이 길어지다 보니 확실히 효율이 떨어졌다. 하지만 곧 토론식 회의에 익숙해지자 효율적으로 결론을 내릴 수 있게 되었고 토론 후에는 각자가 전체 방향 설정에 참여했다. 덕분에 주인의식이 강해지고 자신이 맡은 일의 방향을 잘 판단할 수 있게 되어 일의 실행 효율도 좋아졌다. 누구라도 회의 시간에 의견을 말하거나 개인적으로 찾아와 우려 사항을 말하게 되니 이전처럼 리더만 모르고 있다가 사고가 나는 상황도 방지되었다.

나는 회사생활 중 고객사나 파트너 회사의 하위 직급 직원을 격이 안 맞는다고 무시하고 높은 사람만 상대하려 했던 사람이 나중에 그 해당 직원의 교묘한 방해로 곤경에 처하는 것을 몇 번이고 보았다. 처세 차원이 아니라 회사 내외의 약자들을 진심으로 존중한다면 당신을 따르고 당신의 계획에 자발적으로 동참하는 사람들이 늘어날 것이다. 회사 내 약자들을 존중하는 척 연기를 해서는 안 된다. 속마음과 다르게 연기를 하다가 스트레스를 받으면 자기도 모르게 부정적 감정이 폭발하게 된다. 진정성을 가지고 모든 약자를 존중하고 관대한 사람이 되어야 근본적인 문제가 해결된다.

배려에 보상을
기대하지 마라

조금 다른 얘기지만, 늘 배려하는 사람 중에는 상대가 나만큼 배려하지 않는다며 상처받고 힘들어하는 이도 있다. 내가 보기에 이런 사람들은 남을 배려하는 노력을 중단하는 것이 낫다. 배려는 자신이 건강한 마음으로 있을 때 주변을 돌아보고 베푸는 것이기 때문이다. 마음이 아직 여리고 상처받기 쉬운 사람은 오히려 다른 사람들의 마음에 신경 쓰는 것을 줄일 필요가 있다. 이기적으로 행동하라는 말이 아니라 자신의 마음을 더 챙기고 단단하게 만드는 것이 우선이라는 뜻이다.

심성이 여리고 내향적인 사람들은 마음에 안 드는 제안이나 불편한 상황이 와도 이의 제기를 하지 못하고 속으로만 삭인다. 주도성이 강한 사람이 여러 가지 일을 벌일 때도 속으로 끙끙 앓으면서 끌려갈 뿐이다. 이런 사람들을 챙긴답시고 회의 자리에서 한마디 하라고 권하는 건 배려가 아니다. 배려에는 상대에 대한 섬세한 관찰과 존중이 바탕이 되어야 한다. 동료나 팀원이 어떤 성격인지 파악하려고 노력하고 그가 편한 마음으로 말할 수 있는 환경이 무엇인지 만들어주는 것도 좋은 리더가 할 일이다. 너무 완벽하고 냉철하기보다 인간적인 면을 보여주면서 사람들이 다가올 틈을 주는 것도 배려의 방법이다.

배려는 내 기준에 따라 적당히 상대의 기분을 맞추는 게 아니라 철저히 상대의 처지를 생각해서 돕고 보살피기 위해 마음을 쓰는 것이다. 나는 늘 사람들을 존중하고 배려하는 편이라고 생각하며 살았는데 가족으로부터 '배려심이 없다'라는 말을 듣고 충격을 받은 적이 있다. 두 딸과 아내가 한 편이 되어 비판하니 무척 억울했고 마음에 상처도 입었다. 업무로 너무나 바쁜 와중에도 짬을 내서 가족 여행을 가고 외식도 자주 하며 가족과 시간을 많이 보내려고 애썼는데 이게 무슨 일인가 싶었다. 수시로 일상을 공유하는 아내와 딸 사이만큼 아빠와 딸 사이가 가까운 건 아니었다고 해도 좋은 관계를 만들기 위해 나는 무척 노력했었다.

찬찬히 이야기를 들어보니 나는 가족이 무엇을 원하는지 묻지 않고 내가 판단한 대로 배려했었다. 감정이 상한 아내에게 머릿속으로만 미안하다는 말을 계속하고 정작 입 밖으로는 "기분 전환하러 산책하러 나가자."라고 했다. 아내는 사과를 기다리고 있는데 산책하러 가자고 하니, '또 나의 마음은 안중에도 없고 자신이 원하는 것만 하자고 하는구나.'라고 생각하며 더 화가 났다고 한다. 나는 머릿속으로 생각한 걸 실제로 말했다고 착각한 데다 바깥 공기를 쐬면 기분이 나아질 거라고 내 기준대로 배려하고 있었다.

딸들과 외식하기 위해 바쁜 시간을 쪼개 가며 자리를 마련했을 때는 늘 내가 좋아하는 음식을 먹었다고 한다.

"그날은 삼겹살을 먹고 싶었는데, 아빠는 우리에게 묻지도 않고 당연하다는 듯이 파스타 집으로 갔어요."

어렸을 때는 아빠의 의견이 절대적이라고 생각해서 다른 게 먹고 싶어도 별말 없이 따라갔지만 늘 이런 일이 반복됐으니 결국 나는 독선적이고 배려심이 없는 사람이 되고 말았다. 모처럼 시간을 내서 좋은 레스토랑에 데리고 가서 맛있는 음식을 먹게 해준 것으로 생각했는데 오히려 역효과가 나고 있었다. 가족도 이러한데, 직장에서 타인끼리 만나서 일할 때는 더 이심전심이 안 된다. 사람마다 살아온 배경도 생각도 다 다르다. 이 사실을 명심하자. 늘 사람들을 잘 관찰하고 평소에 가벼운 대화를 통해 그 사람이 원하는 게 무엇인지 잘 파악하고 있어야 한다. 사람에게 관심을 두고 존중하고 그 처지를 생각해보는 것이 배려의 시작이다.

배려는 내 기준에 따라

적당히 상대의 기분을 맞추는 게 아니라

철저히 상대의 처지를 생각해서

돕고 보살피기 위해 마음을 쓰는 것이다.

불안과
불평 사이

세상 사는 것은 절대 쉽지 않다. 나처럼 개인주의자이면서 내향인이면서 융통성 없는 사람은 어차피 성과로 승부를 내야 하는데 일정 지위 이상 올라가면 내가 아무리 열심히 해도 성과가 난다는 보장이 없다. 노력해도 성과가 잘 안 나면 남과 비교하게 되고 그러다 열등감에 빠지기 쉽다. 남들은 똑같은 성과에도 처세를 잘해서 더 좋은 평가를 받아 승진과 진급을 하는 것 같고, 나는 세상을 잘못 살고 있는 것 같아 불안해질 수 있다.

세상은 내가 아는
만큼만 보인다

　　　　　　　　나는 술을 못해서 직장생활 초반에 마음고생이 많았다. 직장 동료 모임에 끼기는 해야겠는데 회식 자리에 가면 술을 안 먹기도 그렇고, 먹으면 너무 괴로우니 늘 딜레마였다. 그러던 어느 날 아침, 전날 회식 때 마신 술 때문에 너무 괴로워하면서 출근하는데 함께 출근하던 동료가 많이 힘드냐고 물었다. 그렇다고 했더니 자기도 그렇단다. 술이 세기로 유명한 사람이라서 술 센 사람도 후유증이 있냐고 했더니 당연히 술 마신 다음 날 아침에는 아주 괴롭다고 했다. 나는 술이 센 사람은 숙취도 없는 줄 알았다. 술을 잘 마신 만큼 많이 마셨으니 숙취도 강했을 것이다. '다들 각자 처한 현실만큼 힘들구나. 내가 아직 겪어보지 않은 것에 대해서 과소평가하면 안 되겠다. 세상일은 누구에게나 쉽지 않은 거야.' 하는 깨달음을 얻는 순간이었다.

　어떤 사람은 처세에 밝고 인간관계를 잘하여 기회를 잡는다. 멀리서 보면 권력 라인도 잘 타고 잘나가는 것 같으니 인생을 쉽게 사는 것 같지만 인간관계에서 오는 스트레스가 무척 클 것이다. 사회 속의 인간관계란 서로 호의를 주고받으며 만들어지는 것인데 회사 일로 엮이다 보면 윤리적 문제, 심하면 법적인 문제와 충돌하게 되기도 한다. 뉴스에서나 보는 일이 아니라 실제로 비일비재하다. 그 사람이라고 법적 처벌과 혹시 잘못됐을 때 나락으로 떨어질 미래가 두렵지 않겠는가? 가장 잘해왔고 가장 효율적이었던 방법이 처세와 인간관계였으니 위험을 감내하며 그렇게 살아가는 것이다.

누구에게나 인생에서 일이 잘 안 풀리는 시기가 있다. 열심히 하는데도 일이 계속 안 좋게 흘러갔을 때를 돌아보면, 그 시절은 훗날을 준비하는 시간이었다. 앞에서 기회와 능력은 경로의 존적이라는 말을 했다. 어떤 일을 맡든 성실하게 최선을 다해 잘 해내겠다는 생각으로 일하면 주변에서 알아보고 중요한 기회를 준다. 그렇게 승진하기도 하고, 좋은 회사로 이직하기도 하고, 새로운 사업 제안을 받기도 하면서 다음 단계로 성장해간다.

나는 한때 제품 샘플을 들고 공장과 거래선을 오가며 여러 궂은일을 경험한 덕에 나중에 기획부서에서 계획을 짤 때 생생한 현장감을 바탕으로 성과를 낼 수 있었다. '이건 현장 실정에서 먹히겠구나', '아, 저건 너무 복잡해서 도저히 현장에서 작동을 안 할 것 같아.' 하는 느낌이 왔던 것이다.

지금 당신이 하고 있는 일에서 특별히 스타플레이어가 되어야 한다는 얘기가 아니라 당장 별로 빛이 안 나는 일이라고 불평하지 말고 잘 해낸다는 마음으로 임하라는 말이다. 애쓰다 보면 반드시 인정해주는 사람들이 나타난다. 좋은 기회는 그렇게 스스로 만드는 것이다.

그러니 남을 부러워하며 "나만 왜 이렇게 힘들까?" 같은 자기연민을 할 이유가 없다. 생긴 대로 살되 자신의 특징을 살려 잘할 기회가 왔을 때 승부를 걸면 그만이다. 자기가 잘할 기회인지 아닌지는 머릿속으로 굴려만 봐서는 알 수 없다. 실제로 부딪혀서 열심히 해봐야 느낌이 온다. 나의 경험을 봐도 그렇고 주변을 보아도, 자신에게 잘 맞는 기회를 찾으려 노력하다 보면 그런 기회가 몇 번은 온다. 그래서 지금 하고 있는 일에 최선을 다하는 것이 중요하다.

감정 관리도
경쟁력이다

회사생활에서 사람들과의 관계가 가장 어렵다는 얘기를 많이 듣게 된다. 별 도움은 안 되면서 일정만 챙기고 잔소리만 해대는 상사, 호시탐탐 어렵고 표 안 나는 일을 넘기려고 하는 동료, 일은 못 하면서 자기 권리는 악

착같이 찾아 먹는 후배, 책임질 일은 어떻게든 안 하려고 요령 피우는 거래처 사람…. 직장생활에서 만나는 사람은 모두 짜증 나는 사람들뿐인 것처럼 보인다. 그런데 상대방이 보았을 때 나는 어떤 사람일까? 일정을 지키는 적이 없는 부하직원이자 자기 일 이외에 공통 업무에는 절대 끼려고 하지 않는 뺀질뺀질한 동료이고 허구한 날 자기 하기 싫은 일을 넘기는 선배일 수 있다. 거래처 입장에서 나는 예의는 바른데 도무지 속을 알 수 없는 갑질왕일 수도 있다. 그래서 옛사람들이 '역지사지'라 하여 항상 상대방의 처지에서 생각하라고 했으리라. 인간관계가 어려우면 우선 입장을 바꾸어 생각해보라.

회사생활을 하다 보면 특정한 사람이 이유 없이 까칠하게 나오거나 근거 없이 나를 비판하는 일도 겪을 수 있다. 이런 일이 계속되면 무조건 동의하지 말고 자신을 방어해야 한다. 상대방 면전에 대고 할 얘기를 제대로 못 하고 당하고만 있으면, 마음에 상처가 되고 후회와 불만이 잔뜩 쌓이게 된다. 그러니 물러서지 말고 할 말은 하는 것이 좋다. 처음이 어렵지 한두 번 하다 보면 훨씬 쉬워지니 그냥 해버려라. 물론 맞대응하고 나서도 그런 일을 겪으면 내가 받은 마음의 상처와 상대방에 대한 감정들이 마구 뒤얽혀 마음이 불편할 것이다. 이럴 때 내 마음을 지키는 가장 좋은 방법이 있다.

'그 사람이 일으킨 문제이니 그 사람 마음은 그가 다스리라고 하고 나는 내 마음이나 추스르자.'

마음을 단단히 훈련해라. 절대로 당신이 감정 쓰레기통이 되어선 안 된다.

당신이 본인도 모르게 불평과 분노 폭발을 자주 하고 있다면 전문가의 도움을 받는 것도 좋다. 나도 전문가의 도움을 받았다. 나는 세상에서 공정하지 않거나 불의한 것을 보면 화가 치미는 '의로운' 사람이라고 생각했었다. 약간은 그런 면도 있겠지만 마음에 더 문제가 많았다. 나는 어떤 사람이 조금이라도 약자를 무시하는 것 같으면 분노가 치밀어 오르곤 했다. 나중에 보면 전혀 그런 의도가 아닌데 한두 마디가 방아쇠가 되어 내 마음속에 그런 분노를 촉발했던 것이다. '저 사람은 왜 저래? 이건 공정하지 않아.'라는 마음의 소리가 들리기 시작하면 그때부터 마구 분노가 확대 재생산되었다. 당연히 나와 관련된 일에는 더 심했다. 동료나 부하직원에게는 친절했지만, 권력이 있어 보이는 상급자가 내 일에 간섭하는 것 같은 느낌이 조금이라도 들면 분노가 들끓었다. 이를 누르려 노력했으나 언행 속에 나도 모르게 튀어나오는 불평과 분노는 어쩔 수 없었다.

그래도 회사에서는 기를 쓰고 분노 조절을 했으니 사람들은 잘 몰랐을 수 있다. 그런데 경계심이 낮은 상황, 예컨대 가정에서는 기분이 안 좋을 때 아내가 무슨 말을 하면 괜히 화를 내거나 불평을 하곤 했다. 그러고는 편리하게도 '나는 뒤끝이 없는 사람'이라며 그 일들을 잊었다. 화를 내는 사람은 감정을 전부 외부로 표출하고 본인은 잊어버릴 수 있지만 그를 상대하는 사람들은 깊은 내상이 차곡차곡 쌓인다고 한다. 내 성격이 가까운 사람들을 얼마나 힘들게 하는지 몰랐다. 문제의 심각성을 인식하고 상담을 받으면서 불평과 분노의 연쇄 반응이 일어나는 방아쇠를 근본적으로 없애려고 노력하고 있다.

불평하고 자주 분노하는 것도 일종의 습관이다. 그 사람의 마음은 물론 주변도 피곤하게 만드는 좋지 않은 습관이다. 몸에 밴 습관이기 때문에 마음먹는다고 당장 없어지진 않겠지만 얼마든지 바꿀 수는 있다. 본인의 문제점을 자각하는 것은 첫 단추를 끼운 것이다. 이제부터는 다른 사람들도 힘들게 살아가고 있고, 남들 눈에는 내가 문제일 수 있다는 것을 염두에 두자. 남들이 나를 대접하지 않는다고 불평하고 분노하기 전에 자신을 대접하자. 나는 이제 투덜이나 화 잘 내는 사람이 아니고 다른 사람들의 작은 친절에도 감사하는 훌륭한 사람이라는 점을 기억하자. 다른 사람의 부당한 거친 언행에 대해서는 당당히 맞설 수 있는 사람임을 잊지 말자.

상대방의 면전에 대고

할 얘기를 제대로 못 하고 당하고만 있으면,

마음에 상처가 되고

후회와 불만이 잔뜩 쌓이게 된다.

그러니 물러서지 말고 할 말은 하는 것이 좋다.

매일 수련하고
성장하라

경력이 쌓인다고 해서 자기 업무에 대한 지식과 상황 판단 능력까지 자동으로 늘어나진 않는다. 신입 시절에 유능하다는 평가를 받던 직원이 시간이 흘러서 보면 발전이 더뎌 도태되는 일도 있고 어리바리하고 실수만 하던 직원이 유능한 인재로 인정받는 경우도 많다.

어째서 이런 차이가 나타났을까? 왜 누군가는 꾸준히 학습을 하고, 누군가는 다년간의 경험에도 불구하고 학습을 하지 못했을까?

묵은 지식을 버리고
새로운 지식을 배운다

　　　　　　　　　　　실무에서 빨리 손을 놓고 관리만 하면서 새로운 공부를 하지 않고 부하직원들의 보고에만 의지하는 사람은 뒤처지게 되어 있다. 사실 보고를 제대로 하려면 100의 지식을 10으로 압축해 다듬어야 한다. 그러니 보고받는 상사는 그게 뭐라는 것을 대충 알지만 딱 그 정도에 그친다. 이래서는 새로운 지식에서 여러 가지 착안점을 찾는 것이 원천적으로 불가능하다. 새로운 착안점은 머릿속에 담긴 수많은 생각의 소재(나는 이를 '생각의 자갈'이라 부른다)들을 이리저리 배열해보는 과정에서 나오는 것인데 부하직원이 고르고 골라 정리해온 자갈 몇 개만 가지고서는 새로운 생각을 만들어내기가 어렵다. 새로운 지식 분야에 대해서는 직접 현장에 가서 보고 듣고 원자료도 직접 공부하여 머릿속에 수많은 자갈을 먼저 채워 넣어야 한다.

　상황 판단 능력은 성찰을 통해서만 향상시킬 수 있다. 성찰은 반성과 조금 다르다. 반성이 조금 더 윤리적인 측면에서 잘못한 것을 발견하고 뉘우치는 것에 가깝다면 성찰은 일어난 일에 대하여 왜 그렇게 되었는지, 혹은 왜 그렇게 되지 않았는지를 생각하는 과정이다. 성찰하는 사람은 성장한다. 일이 잘되면 잘되는 대로 안되면 안되는 대로 내가 왜 그렇게 판단했는지를 생각해본다. 판단할 때 사용했던 근거 중 잘못되었던 것이 무엇인지를 살펴본다.

나는 어떤 일을 하든 시작과 중간에 일의 진척을 점검하면서 종이 한 장에 관련된 모든 사항을 간단한 도표로 만들곤 했다. 그러면서 막연하게 서로 관련될 것으로 생각하던 사항 간의 관계와 각 사항에 대한 나의 현재 가설들을 확인하고 그 타당성 여부를 점검했다. 어떤 일이 예상대로 안 되면 어떤 가정이 잘못되었는지를 파고들었다. 이런 노력의 결과, 경험이 쌓일수록 생각을 명쾌하게 정리하는 능력과 상황 판단 능력이 좋아졌다.

늘 학습하는 사람이 되어라

학습 능력은 나이를 먹으면서 감퇴한다고들 한다. 단순한 지식에 대해서는 그 말이 맞을 것이다. 그러나 깊은 관심을 가지고 어떤 주제를 파고들면 기존 지식과 경험 덕분에 오히려 학습 효과가 신입 시절보다 훨씬 더 커질 수 있다. 상황 판단 능력에 대해서는 더 말할 나위가 없다.

어떤 것이든 처음 접할 때는 막연하지만 문제의식을 느끼고 계속 배우고 생각하다 보면 길이 보인다.

나 역시 은퇴 후 파이썬과 C++를 배우고 레고의 장난감 로봇부터 시작하여 점차 하드웨어를 업그레이드하여 지금은 최신 노트북 성능을 가진 연구용 로봇을 만들어놓고 소프트웨어를 만들어가고 있다. 프로그램을 짜다 막히면 인터넷에서 참고할 코드들을 찾고 이를 개조하다 보니 조금씩 틀이 잡혀가고 있다. 어떤 과제에 도전할 때 처음에는 막막했는데 며칠씩, 심한 경우에는 몇 주씩 씨름하다 보니 참고 코드에 대한 이해가 깊어지고 스스로 문제를 해결할 수 있는 코드도 만들어냈다. 이제는 어느 정도 프로그램 라이브러리[예컨대, 로봇 팔이 물건을 짚었다가 내려 놓는 코드, 집 안의 벽을 따라 순찰하다가 사람을 만나면 침입자 경고를 날리는 코드, 라이다Lidar로 주변을 탐색하여 지도를 그리고 강화학습을 통해 최적 경로를 찾아가기 등]를 구축하여 언젠가는 제법 쓸모 있는 로봇도 만들 것 같은 희망을 품기 시작했다. 물론 어디까지나 연구용 시제품 수준이지만 딥 러닝, 강화학습 등 첨단적인 기술 분야들을 지속적으로 공부할 동기를 주고 있다. 이처럼 나이를 먹어도 새로운 지식을 배우는 것이 꼭 힘들지만은 않다. 자신이 관심을 가진 분야에 대해 적극적으로 지식을 찾고 적용한다면 학습효과가 떨어지지 않는다는 것을 보장할 수 있다.

회사생활을 하는 동안에는 새로운 지식 습득과 판단 능력 향상에 절대 게으름을 부리지 말아야 한다. 그냥 공부해야 한다고 생각하면 하기 싫을 것이다. 내가 앞에서 로봇 이야기를 장황하게 한 이유는 자기가 관심 있는 주제에 진심이면 당신이 어떤 상태이든 진짜 공부가 가능하다는 것을 말하고 싶어서였다. 그래서 성과에 영향을 미칠 수 있는 사업 환경의 변화를 주제로 삼기를 권한다. 그냥 피상적으로 공부해서는 신문이나 방송에서 얘기하는 것 같은 일반적인 이해밖에 하지 못한다. 어디에 가서 대화에 낄 수는 있지만 업무에는 별 도움이 안 되는 수준의 이해 말이다. 하지만 환경 변화 속에 내 사업과 업무의 성과에 영향을 줄 수 있는 가능성을 찾으려 노력하다 보면 처음에는 추상적이고 막연한 것에서 구체적인 영향 요인들이 보이게 되고 요인들 간의 관계와 해결책까지 생각해내게 될 것이다. 그러니 회사 업무에 관한 공부는 성과 향상의 기회와 성과 가능성을 찾는 노력의 하나로 꾸준히 하길 바란다. 성공은 성공대로 실패는 실패대로 배우면서 성장하는 인재가 되길 바란다.

회사생활을 하는 동안에는

새로운 지식 습득과 판단 능력 향상에

절대 게으름을 부리지 마라.

내 사업과 내 업무에 큰 성과를

가져다줄 정도로 깊게 파고들어 공부해라.

4장

내향적인 개인주의자가
조직에서 이기는 법

일할 회사를
잘 선택해야 한다

적지 않은 사람들이 직장생활 중 회사의 편법 및 불법에 책임을 지고 물러나거나 법에 따른 처벌을 받는다. 회사의 핵심 영업 기술을 경쟁사로 빼돌린다든가 내부 정보를 이용하여 자기 회사 주식을 사는 내부자 거래를 한다든가…. 뇌물수수, 뇌물공여, 횡령, 배임 등 회사생활을 하는 동안엔 범죄의 유혹이 많다.

사정을 들어보면 당사자들은 당시 상황에서는 선택의 여지가 없었다며 합리화를 하는데 일단 불법·편법에 휘말려 들면 중간에 그만두기가 쉽지 않은 듯하다. 내가 아는 대기업 대표이사나 임원 중에도 회사의 불법 행위에 동참했다가 법에 따른 처벌을 받은 사람이 있다. 일하다 보면 수많은 유혹과 압력에 시달린다. 아무리 자신이 정직하려고 해도 회사 분위기가 그렇게 돌아가면 계속 곤란한 상황을 겪어야 한다. 내가 사장도 아닌데 내 힘만으로 회사 경영방침이나 일하는 분위기를 바꿀 수가 없으니 말이다.

그래서 완벽하게 일을 잘하고 싶은 사람이라면 회사를 제대로 골라야 한다. 인맥 관리나 아부에 자신이 없다면, 처세보다는 나만의 성향을 지키면서 성공하고 싶다면, 다음 두 유형의 회사는 반드시 피해야 한다.

연구하고 향상하려는 회사인가

첫 번째 유형은 좋은 상품과 서비스를 제공하는 데 별 관심이 없고, 생산성 향상을 위해 투자하지 않는 회사다. 공공기관이나 대기업과 인적 관계 때문에 독점적 지위를 가졌거나 탈법과 탈세로 이익을 늘리는 회사, 특정인을 위해 모회사의 수익을 빼돌리는 회사에서는 '세상 물정 모르는' 당신이 설 자리가 없다. 당신이 실력과 성과를 보여주려 해도 기회가 거의 없을 것이다. 그들이 원하는 것은 무엇이든지 시키는 대로 할 사람이지 이유를 따져 묻고 원칙을 따지는 사람이 아니다. 혼자 법과 공정한 규칙대로 해야 한다고 고집하는 사람은 밀려날 수밖에 없다. 더 나쁜 것은 순진한 당신이 아무것도 모르고 불법을 저지르는 사람들이 파놓은 함정에 빠져 죄를 뒤집어쓰는 희생자가 될 수도 있다는 것이다.

물불은 가릴 줄 아는 회사인가

　　　　　　두 번째 유형은 성과에 대한 집념과 드라이브가 너무 커서 수단과 방법을 가리지 않는 회사다. 어떤 기업은 매우 도전적이고 창의적이어서 높은 기업 가치를 만들어내지만 그만큼 직원들을 몰아붙이고 법의 경계에서 줄타기를 하며 목표 달성에 매진한다. 당연히 성과에 대한 금전적 보상은 크겠지만 중간관리자 이상, 임원급으로 승진하면 할수록 심적인 압박과 양심의 가책으로 고민하는 날이 많아질 것이다.

편법이나 불법 행위를 강요하는 것은 당연히 불법이다. 하지만 편법이든 불법이든 성과를 내지 못하면 조직에서 살아남을 수 없게 만든다. 이때 상사는 직원이 성과를 위해 저지르는 담합이나 경쟁사 정보 불법 편취, 협력사 기술 빼 오기 등등 불공정한 행위에 대해 눈을 감거나 모른 척한다. 나중에 문제가 생기면 덮거나 개인의 일탈로 처리하려는 것이다.

이런 문화를 없애려면, 편법과 불법이 발견되었을 때 최고경영진이 발본색원하여 관리 책임을 맡은 고위층까지 예외 없이 처벌해야 하는데, 실무자만 처벌하는 선에서 꼬리를 자르면 아무 소용이 없다. 대부분 처벌 흉내만 내다 만다. 분위기가 이러한데 혼자 원칙을 지킨다며 나서봤자 눈치 없는 사람이 될 뿐이다. 게다가 다들 편법으로 성과를 만들어내는데 어떻게 업무만으로 승부를 내겠는가? 이유도 모른 채 저성과자로 낙인이 찍혀 손해를 볼 뿐이다.

회사를 선택하는 기준 –
가치, 성취, 도덕

내향적이며 고지식하고 완벽주의자 성향을 가진 사람에게 어울리는 회사는 성과 향상에 갈급하면서도 기업 윤리를 지키는 회사다. 실력과 성과만으로 공정하게 평가하고 바른 철학을 가진 인재를 소중하게 활용하는 직장에서 일해야 한다.

그렇다면 그런 회사를 어떻게 찾을 수 있을까? 우선 지원하고자 하는 회사의 드러난 부분을 공부한다. 회사의 주수입원이 무엇인지, 성장 추세가 어떠한지 등등을 확인한다. 기업 윤리를 지키는지는 겉으로 드러난 정보로는 파악하기가 어렵다. 어차피 회사 홍보물에는 온갖 좋은 얘기들만 쓰여 있을 테니 별 도움이 안 된다. 이때는 어떻게 해서라도 주변에 수소문해야 한다. 제일 좋은 방법은 입사한 지 2~3년 된 사람을 소개받는 것이다. 너무 노골적으로 물어보면 방어적인 태도로 답할 수 있으니 회사 분위기가 어떤지부터 시작하여 성과에 대한 압박은 어느 정도인지, 선배들이 성과를 어떻게 내고 있는지, 고성과자와 저성과자가 뭐가 다른가 등등을 묻다 보면 조직 문화에 대한 여러 힌트가 나올 것이다.

당신이 다니고 있는 회사가 지금까지 말한 측면에서 좋은 회사이기를 바라지만 그렇지 않다면 지금부터라도 대책을 세우기를 권한다.

내향적이며 고지식하고 완벽주의자 성향을 가진 사람에게 어울리는 회사는 성과 향상에 갈급하면서도 기업 윤리를 지키는 회사다. 실력과 성과만으로 공정하게 평가하고 바른 철학을 가진 인재를 소중하게 활용할 줄 아는 직장에서 일해야 한다.

동지를
만들어야 한다

큰 성과를 내려면 내가 직접 맡은 분야보다 훨씬 넓은 분야에 속한 사람들이 함께 움직여야 한다. 조직의 위부터 아래까지 각자 자기 역할을 충분히 해내야 한다. 모두가 마음이 맞아야 하고, 뜻이 같은 나의 동지가 되어야 한다. 어떻게 해야 사람들을 나의 동지로 만들 수 있을까?

사람, 일, 성공을 연결하는
커넥터가 되는 법

우선 언행에 진정성이 있는 사

람이라고 인정받아야 한다. 동지를 한자로 쓰면 同志다. 뜻을 같이하는 사람이라는 뜻이다. 주로 여러 사람에게 도움이 되는 어떤 것을 함께 만들기 위해 뜻을 같이할 때 쓰는 말이다. 사적인 이익을 도모할 때는 잘 쓰지 않는다. 그래서 동지를 만들려면 여러 사람에게 의미 있는 목표가 있어야 하고 사람들이 그 목표의 진정성을 신뢰해야 한다.

평소에 자기 부서 이익만 챙기고 전체적인 것에는 관심이 없다든지, 앞에서는 전체의 이익을 위하는 척하지만, 뒤로는 자기 이익만 챙긴다면 그 어떤 달콤한 말로 포장한다 해도 믿음을 얻지 못할 것이다. 마음에서 우러나오는 지지도 얻을 수 없다.

신뢰를 얻었다면 그다음에 할 일은 하고자 하는 일에 관련된 사람들을 방향 설정에 개입시키는 것이다. 그리고 그렇게 해야 하는 이유를 진정성 있게 몇 번이고 설명하고 가능한 한 많은 이들이 참여하게 만들어야 한다. 이때 흔히 하는 실수 중 하나가 평소 가까이 지내는 동료는 '말하지 않아도 내 뜻을 이해하니 필요한 지원을 해줄 것'이라고 기대하는 것이다. 절대로 그렇지 않다. 내가 생각하고 있는 것을 사전에 분명하게 충분히 이야기하고 동료의 질문에 구체적으로 대답하며 공감대를 미리 형성해두어야 한다. 그렇지 않으면 유사시에 내가 바라는 대로 움직이지 않는다.

　부장 시절 중요한 프로젝트팀장 책임을 맡았던 적이 있다. 여러 부서와 논의를 해나가던 중 의견 충돌이 생겨 골치를 앓고 있었는데 내 직속 팀원마저 나를 지지하지 않는다는 사실을 알게 됐다. 나중에 사정을 알고 보니 평소 다른 부서와의 협의에만 신경 쓰느라 정작 나의 부서원들에게는 자세한 배경 설명 없이 결론만 툭툭 던지는 바람에 불만이 쌓이고 있었다. 가까이에서 내가 일하는 과정을 보고 있으니 모든 사정을 다 이해하리라 생각했던 터라 좀 충격을 받았다. 팀원들이 어떤 심정일지 전혀 헤아리지 못했다는 점도 반성했다. 이후 가깝게 일하는 직원들부터 먼저 상황을 공유하고 더 신경을 썼다.

동료는 함께 가는 동반자이다

　　　　　　　　　　　상황을 공유하고 같은 방향으로 이끄는 것보다 더 좋은 방법은 함께 해결책을 고민하는 것이다. 누구나 자신이 주도적으로 참여한 일에 대해서는 애착을 가지고 열심히 일한다. 함께하기로 한 동료들이 일의 주인이 되도록 하는 것이 중요하다. 여기에서 놓치면 안 되는 것은 진짜로 함께 해결책을 만드는 것이다. 혹자는 미리 자기 나름대로 생각한 해결책을 가지고 있으면서 함께 만드는 흉내만 내기도 한다. 이는 안 하느니만 못하다. 사람들을 이용만 해먹으려는 속셈인지 아닌지는 금방 들통난다. 이런 일이 몇 번 반복되면 이 사람이 진심이 과연 있는 것인가 하는 의구심을 갖게 되고 이렇게 되면 동지는 없던 일이 된다.

또한 한번 말한 것에 대해서는 꼭 지켜야 한다. 프로젝트 시작 단계에서는 성공 가능성도 작고 참여하는 사람도 적으니 성공하기만 하면 실적과 보상을 약속했다가 성공 가능성이 보이면 말을 바꾸는 사람이 있다. 이런 사람은 누구도 함께 일하기 싫을 것이다.

마지막으로 동지를 얻으려면 동료에게는 관대하고 자기 자신에게는 더 엄격해야 한다. 부하직원이나 동료가 실수했을 때 잘못을 덮으면서 다시 기회를 주고, 그들의 어려움에 대해 마음을 열고 들어줘야 한다. 일이 잘 풀렸을 때 부하직원이나 동료들에게 더 보상을 나눠주고 안 풀렸을 때 불이익은 자신이 더 받아야 한다. 영웅처럼 모든 과오를 혼자 짊어질 필요는 없지만, 사람들은 관대함과 자기희생을 보면서 함께 일해볼 만한 사람으로 기억한다. 일이 잘 안 풀려 프로젝트가 실패하더라도 나중에 새

로운 프로젝트를 하게 될 때 사람들은 당신에게 다시 한번 기회
를 줄 것이다.

나와 뜻을 함께하는 동료를 만들려면

나의 목표의 진정성을

믿을 수 있도록 행동하고,

함께 문제를 해결해나가야 한다.

일하는 동안 동료에게는 관대하고

자기 자신에게는 더 엄격해야 한다.

나는 처세술에도 능하지 않고 친하게 지내는 동료가 많은 편도
아니었지만 일을 할 때는 늘 주도적이었고 덕분에 LG그룹에서
최연소 사장이 되었다. 비결이 뭐냐고 물으면 바로 답할 수 있다.
바로 '생각의 리더십'이다.

　회사생활을 하는 동안 수많은 종류의 사람들을 만났다. 나와
케미가 좋은 사람도 있었고 그렇지 않은 사람도 있었다. 각자 다
양한 개성을 지녔지만 한 가지 공통점은 있었다. 회사원이라면
누구나 일을 잘 해내서 상사로부터든 스스로든 인정받고 싶어
한다는 사실이다. 그래서 적절한 순간에 일에 도움이 되는 아이

디어를 제시하면 대부분의 동료들은 잘 받아들였다. 물론 개중에는 다른 사람의 조언에 대해 마음을 닫고 사는 사람도 있지만 도움을 받아들이고 성장하려고 노력하는 사람들이 더 많다.

더 넓은 시선으로
더 높은 성과를 만든다

신입 시절을 지나고 일이 조금 익숙해졌을 때 나는 좀 더 주도적으로 일하고 싶어졌다. 그래서 업무 흐름과 전체적인 그림을 그려보고 나만의 전략을 세웠다. 남보다 먼저 높은 성과를 내려면 무엇을 어떻게 해야 하는지 생각해놓는 것이다. 그러다 적당한 때를 만나면 조용히 방법을 제시하고 기회를 잡았다. 나는 이 전략을 '생각의 리더십'이라고 칭했다.

물론 처음부터 이 전략이 잘 작동한 건 아니다. 아직 사람들이 새로운 상황을 인지하지 못하고 있는데 이슈를 제기하면 뜬금없다고 생각하게 된다. 누구나 처음 환경 변화를 겪으면 문제를 인식하기까지 시간이 걸린다.

장기간에 걸친 거창한 세계경제 변화뿐 아니라 업무와 관련된 작은 변화에서도 사람들은 대개 환경 변화에 민감하지 않다.

초반에는 몇 번 시기상조인 이슈를 제시했다가 관심을 받지 못했다. 이후 피부에 와닿는 이슈들을 2~3개월 전부터 준비하기 시작했다. 예를 들면, 1980년대 말 당시 급격한 원화 절상 가능성이 가시화되던 시기에 공장 제품개발팀과 의논하여 상품개발 방향 전환 방법을 준비하고, 거래선과의 협상 전략 대비책도 마련해두었다. 연말이라 내년도 사업 계획을 준비해야 하는데 문제 상황까지 겹치니 부서마다 급하게 대책을 짜느라 눈코 뜰 새 없이 바빴다. 그때 미리 준비한 전략과 계획을 제시하자 괜찮은 아이디어라고 좋아하며 동료 과장들이 각자 사업 계획에 참고했다.

새로운 일을 맡거나 경험하지 않았던 상황이 닥치면 이게 무슨 상황인지 나에게 미치는 영향이 무엇인지 파악하는 데 오랜 시간이 걸린다. 그럴 때 누군가가 상황에 대한 통찰이 담긴 의견을 내면 바짝 귀를 기울이게 마련이다. 조만간 직접 자신에게 일어날 수 있는 이슈들을 선점하여 미리 준비하다 보니 인간미 없다고 나를 불편해하던 사람들도 내 말을 경청했다.

남들보다 생각이 앞서야 한다

사람들은 나에게 아이디어가

많은 사람이라고 했지만 사실 나는 그렇게 창의적인 사람은 아니다. 그저 남들보다 먼저 생각하기 시작했고 준비했을 뿐이다. 한창 바쁠 때를 제외하고는 관심의 상당 부분을 앞으로 어떤 일이 일어날지, 그것이 우리 업무에 미칠 영향이 무엇일지를 파악하는 데 썼다. 틈나는 대로 서점에 들러 책을 읽고 미래에 다가올 변화에 대해 공부하며 우리 일에 미칠 영향을 파악하려고 했다. 도움을 줄 수 있는 전문가를 직접 만나 의견을 듣기도 했다. 인터넷 서핑으로 정보를 얻을 수도 있지만 직접 현장에서 사람을 만나고 원자료를 읽으면 더 큰 영감을 얻을 때가 많았다. 그래서 관리자가 된 이후 나의 업무 사이클은 다음과 같았다.

되도록 새로운 일을 시작하기 전 한두 달 정도는 미리 자료를 접하고 그 일의 성과에 영향을 줄 요인들을 파악하며 이를 향상하는 방법들을 구상하는 데 보냈다. 일이 시작된 후에는 한두 달 정도 조직 구성원들과 함께 집중적으로 미리 정리해두었던 조처를 하고 다시 새로운 과제를 찾아 준비했다.

이런 업무 사이클이 몸에 익으니 좋은 점이 많았다. 우선 아이디어가 많다고 소문이 나서 여기저기에서 새로운 일이나 새로운 상황이 되면 나를 찾았고 내 의견을 들으려고 했다. 당연히 일 잘한다는 평판도 뒤따랐다. 상사나 동료들도 나의 의견을 묻고 존중해주었다. 외국 회사에서 일했던 데다 집단주의 문화에 동화되지 않았던 탓에 이기주의자 또는 개인주의자라는 말도 들으며 질시를 받기도 했는데 아이디어를 많이 내고 겸손하게 행하자 불편한 시선들이 많이 없어졌다. 항상 남보다 먼저 생각 하고 적절한 전략을 짜려고 노력하는 '생각의 리더십'이라는 무 기를 갖추자 회사생활이 조금 더 편안해졌다.

사람들은 나에게 아이디어가 많은 사람이라고 했지만 사실 나는 그렇게 창의적인 사람은 아니다. 그저 남들보다 먼저 생각하기 시작했고 준비했을 뿐이다. 나는 닥친 일에 대해 한창 바쁠 때를 제외하고는 관심의 상당 부분을 어떤 일이 일어날지, 그것이 우리 업무에 미칠 영향이 무엇일지를 파악하는 데 썼다.

직장 내 질투와
견제는 상수다

내가 LG전자의 해외영업본부로 입사했던 당시에는 외국 회사
경험자에 대한 우대가 커서 들어가자마자 사원 중 최선임자가
되었다. 사원들은 거의 비슷한 또래였기 때문에 대놓고 말하는
사람은 없었지만 견제가 심했다. 입사 다음 해에 동기 중에 가장
먼저 과장으로 승진했는데 동료 과장들에게 동료 대접은 잘 받
지 못했던 것 같다. 동료란 힘들 때 힘이 되어주고 더 성장할 수
있게 동기를 유발하고 좋은 일이 생기면 축하해주는 회사의 친
구 같은 것이다. 하지만 과장급 동료들은 나이 어린 나를 무시
해야 할 대상 혹은 이겨야 할 경쟁자로 여겼다. 회의 시간에 작

은 의견이라도 내면 꼭 반대 아닌 반대를 하는 사람이 있었고, 직속 상사도 원래부터 있던 선임 사원의 사기를 돋우느라 내 의견에는 힘을 잘 실어주지 않았다.

질투는 부러움의 다른 얼굴

처음에는 실망하고 원망도 했지만 긍정적으로 생각하기로 했다. 생각해보니 결국 동료나 상사들은 두 가지 문제 때문에 가장 힘들어했는데, 바로 성과 압박과 부서장과의 관계였다. 나는 어차피 인간관계에서는 재능이 없었으니 부서 전체 성과를 올리는 쪽으로 목표를 정했다. 기회가 있을 때마다 내 성과만 챙기는 게 아니라 부서 전체의 성과를 올리는 방향에 대해 궁리하고 제안했다. 이러한 과정에서 '생각의 리더십'이 큰 도움이 되었다. 처음에는 오지랖이 넓다고 생각했던 동료들도 나의 진정성을 이해했고 협력하는 일이 많아졌다.

이 경우는 크게 보아 해피 엔딩이었지만 그렇지 않은 경우도 있었다. 한번은 전혀 예상조차 못 한 일이 생각지 못한 파장을 일으켜 뒤통수를 맞은 적이 있었다. 초급 임원 시절의 일이다.

나의 상사는 두 개의 부서를 운영하고 있었는데 그중 하나는 내가 맡고 다른 부서는 나보다 나이가 많은 임원이 맡았다. 나의 상사는 새로운 지식에 대한 호기심이 많은 스타일이라 내가 선진기업의 제도에 대해 연구를 하여 새로운 시도를 계속하는 걸 마음에 들어했다. 그래서 다른 부서 회의 자리에서 우리 부서 일을 자주 언급했다고 한다. 회의 시간에도 내 의견을 지지하고 받아들이는 편이었다.

그저 맡은 일을 열심히 하고 잘하는 것도 누군가에겐 질시의 대상이 될 수 있다. 다른 부서 임원은 과묵하고 차분한 사람이었는데, 저녁 술자리에서 상사의 이런 비교에 대해 분노하고 나에 대해서도 부정적인 얘기를 한다는 소문이 내 귀에까지 들려왔다. 워낙 말이 없는 분이라 직접 대화를 나눈 적도 없고, 회의 석상에서 마주쳤던 게 전부였는데 그런 말을 자주 했다는 게 당혹스러웠다. 어쩐지 동료 임원들이 꽤 오랜 기간 싸늘하더라니….

질투와 견제는 실력 있는 인재의 훈장

이런 일들은 단순 해프닝 수준이고, 조직에 분란을 일으키는 질투와 견제도 많다. 회장실에서 근무하던 임원 시절에 나는 주로 어려운 사업이나 회사를 턴 어라운드(적자 상태에 있는 사업을 흑자 상태로 전환하는 것)시키는 일에 참여했다. 재무성과가 안 좋아 퇴출 위기에 놓인 기업을 살려내 는 일을 하는 것이다. 회사가 가장 안 좋은 시기에 들어가 쓴소 리를 해야 하니 모두가 꺼리는 일이었다. 누군가가 회생의 모든 책임을 져야 하고, 사업의 방향을 틀기도 하고, 구조조정을 행해 야 할 때도 있다. 그중 한 계열사를 맡았는데 어려운 회생 절차 를 마무리하여 성과를 내기 시작했다. 그런데 그에 대해 논공행 상論功行賞을 한다고 하자 '회생의 주역들이 월권을 했다, 자기들끼 리만 밀실에서 결정해서 독재를 했다'라는 뒷말이 나오기 시작 했다. 그동안 힘들게 일해온 시간과 노력이 떠올라 허무하고 억 울했다. 심지어 뒷말을 하던 사람들이 본사 감찰 부서에 고발까 지 했다. 물론 조사 결과 사실무근이라는 것이 밝혀졌지만 그렇 게까지 나를 견제하고자 했던 사람들 얼굴을 다시 보고 지내기 는 어려웠다. 그만큼 마음의 상처가 꽤 컸다.

조직 내 질투와 견제는 유능한 사람에게 따라붙는 훈장 같은 것이다. 질투하고 견제한다고 화를 내고 원망하는 것은 별로 도 움이 안 된다. 주변에서 나를 '함께하면 도움이 되는 사람', '진정 성 있는 사람'이라고 인식하도록 부단히 노력하는 수밖에 없다.

그래도 안 되는 사람은 정중하게 대하되 거리를 두어야 한다. 가까이 있으면 나에 대해 아는 것을 자신에게 유리하게 비틀어 이용하고 뒤통수를 칠 수 있다.

또한 나보다 지위가 낮은 사람에게도 항상 겸손해야 한다. 결정적인 순간에 동료나 부하직원들의 한마디가 당신을 살릴 수도 죽일 수도 있다. 한 부하직원이 자기보다 나이 어린 상급자가 자신에게 갑질한다며 '직장 내 괴롭힘'으로 고발한 적이 있었다. 그때 다른 부하직원들이 사실이 아니라며 상사를 적극적으로 보호해주어 화를 면했다. 조사해보니 고발한 직원이 평소 일을 잘 안 한 것에 대해 상사로서 정당한 질책을 했는데, 그동안 쌓여 있던 불만과 질투를 갑질로 포장하여 고발했던 것이다. 그 상사가 평소에 다른 직원들에게 겸손한 태도로 호감을 받고 있지 않았다면 모함을 당해 곤란에 처했을지도 모른다.

당신이 회사에서 일 잘한다는 평판을 얻고 빨리 승진하면 항상 질투와 견제를 받는다는 것을 인정하고 받아들여라. 그리고 항상 대비해라.

그저 맡은 일을 열심히 하고 잘하는 것도 누군가에 겐 질시의 대상될 수 있다. 조직 내 질투와 견제는 유능한 사람에게 따라붙는 훈장 같은 것이다. 일 잘한다는 평판을 얻고 빨리 승진을 하면 질투와 견제의 대상이 될 수밖에 없음을 받아들이고 늘 대비해야 한다.

무조건 피해야 할
인간 유형

직장에서 만나는 사람 중에 최대한 조심해야 할 세 부류의 사람이 있다.

인맥만 넓고
수치를 모르는 마당발

첫째는 소위 마당발이라는 사람들이다. 이들은 회사 내외에 모르는 사람이 없고 안 통하는 데가 없다. 이는 조직에 필요한 사람이긴 하다. 하지만 이들 중 특혜와 편법을 주고받는 식으로 인맥을 유지하는 사람들이 있다면 반드시 피해야 한다. 한번 안면을 트면 청탁을 해올 것이다. 자녀의 취업 청탁, 지인 회사 납품 관련 청탁 등등. '당신도 언젠가는 내 도움이 필요할 테니 이번에 내 부탁을 들어달라'는 식이다. 이런 사람들에게 사회생활이란, 특혜를 주고받는 것, 그 자체다. 사회적으로 존경받는 사람인데 그렇게 사회생활 하는 걸 보고 실망하고 멀어진 사람이 꽤 있다. 게다가 종종 소인배인 경우도 있어서 부탁을 안 들어주었다며 앙심을 품고 기회가 있으면 등 뒤에서 험담을 한다.

청탁을 별일 아니라고 생각하는 사람도 가까이하면 안 된다. 집안 어르신이 너무 미안해하면서 자녀 취업을 부탁할 때는 나도 인간적으로 힘들다. 안타깝지만 거절할 수밖에 없다. 면목이 없어서 자주 얼굴을 못 내밀어 집안에서 싫은 소리를 들어도 어쩔 수 없다. 딱 한 번 지인의 간절한 부탁 때문에 지원서를 받아준 적이 있었는데 인사팀에서도 별문제 없을 것 같다고 했지만 결국 결과는 안 좋았다. 고위직 임원이 추천하는 사람의 서류가 별 흠이 없으니 인사팀은 거부하기가 힘들었을 것이다. 그래서 직위가 높아질수록 더 조심해야 한다. 다시는 인사 청탁을 받지 않기로 마음을 다잡는 계기로 삼았다. 한 번 예외를 만들면 다시 원칙대로 하기가 너무나 어려워진다.

오직 지위와 권력이
목표인 사람

두 번째 부류는 권력 지향적인 사람이다. 권력 지향적인 사람은 항상 남보다 우위에 있기를 갈망하며 주도권을 잡기를 원한다. 오직 어떤 지위에 오르는 것만이 목표이고, 그 지위에 올랐을 때 어떤 일을 어떻게 하는가에는 별 관심이 없다. 아무리 보아도 일에 맞는 경험과 능력이 없어 보이는데 본인은 '자리가 사람을 만든다'는 시대에 맞지 않는 신념을 가지고 태연히 그 자리를 탐한다. 그 자리에 올랐을 때 어떤 권력을 갖게 되고 그것을 어떻게 행사할지에만 관심이 있다. 당연히 지위와 권력을 얻어내기 위해 수단과 방법을 가리지 않는다.

공감 능력도 부족하여 약자에 강하고 강자에는 한없이 약하다. 상사의 신임을 받기 위해 남을 모함하기도 하고, 신임을 받고 있다고 생각하면 이를 믿고 횡포를 부리기도 한다. 내가 알던 어떤 부서장은 아예 대놓고 "다른 임직원이 잘못한 일이나 감추고 있는 문제들을 상사에게 보고하는 것이 내 일"이라며 수시로 동료나 부하직원들을 불러 보고를 받았다. 사람들은 그가 상사에게 무슨 일을 어떻게 보고할지 몰라 전전긍긍했다. 하도 인심을 잃어 뒤는 좋지 않았지만, 한때는 회사의 스타이자 권력자로 군림했다.

얼마 전 김경일 교수와 만난 자리에서 내가 힘들어했던 유형의 상사나 동료를 얘기했더니 권력 지향성을 가진 사람은, 자기에게 무조건 복종하지 않고 소신대로 자기 일을 해나가는 사람을 가장 불편해해서 견제하고 미워하게 되어 있다고 했다. 가만 들어보니 나는 미움 받기 딱 좋은 사람이었다. 나는 내 일을 하는 것뿐인데, 권력 지향적인 사람들 사이에 있으면 그것만으로도 미움과 견제의 대상이 되었던 것이다. 그들이 원하는 대로 충성스럽게 움직여주지 않으니 말이다.

나는 일에 큰 도움을 주지 않으면서 이리저리 간섭만 하는 권력 지향형 상사는 되도록 빨리 떠나려고 노력했다. 권력 지향형 부하직원들에 대해서도 별로 관심을 표하지 않았으니 그들 역시 함께 일하기 어렵겠다고 생각했을 것이다. 서로 상성이 안 맞는 부류다.

공과 사를 구별할 줄 모르는 사람

마지막으로 피해야 할 부류는

회사를 사적 이용 대상으로만 보는 사람이다. 개인 일에 회사 법인카드를 쓰거나 비용을 청구하는 사람이 종종 있다. 해외 지사를 방문하면서 회삿돈으로 선물을 사서 환심을 산다든지, 자기 친척들과 식사하면서 이를 접대비로 올려놓는다든지, 회사 시설을 주말에 사적으로 쓴다든지 하는 것에 별다른 문제의식을 못 느끼는 사람들이 있다. 해외 지사 방문은 회사 일이니 선물도 회삿돈으로 하는 게 맞는다고 생각할 수도 있고, 같이 식사한 친지들이 현직으로 있다면 회사 일에 도움이 되니 접대비를 청구해도 된다고 합리화하고 싶을 것이다. 하지만 그렇게 접대 대상을 확대하다 보면 가족도 내가 회사 일을 잘할 수 있게 도움을 주고 있으니 접대 대상이라고 혼자 정의를 내리게 된다.

이렇게 모호한 기준을 가진 채 준법 개념이 없는 사람들은 비밀만 지켜진다면 회사 기밀을 이용하여 땅을 사놓는다든지 납품을 도와주면서 협력사로부터 뇌물을 받고 부정부패를 저지를 가능성이 크다. 회사 기밀을 빼돌리고 회삿돈을 개인적으로 사용하는 것은 중범죄다.

부패에 대한 경계 의식이 낮아진 사람은 더 큰 부패에도 쉽게 걸려든다. 심지어 주변 사람을 자신의 부패 네트워크에 끌어들이려 한다. 당신에게 친절하게 접근해서 밥도 사고 술도 사고 작은 선물을 하기도 할 것이다. 그러다 돈이 필요할 때 금전적 도움을 주기도 하고 힘들 때는 위로의 말도 해주면서 당신의 믿음을 살 것이다. 이 작업 기간이 꽤 길다. 당신이 그 사람을 '좋은 사람'이라고 완전히 믿게 되면 정체를 밝히면서 그간 쓴 돈이 다 부정하게 조달된 것이라고 할 것이다. '내가 걸리면 당신도 걸린다'라는 협박이다. 당신을 포섭해야 좀 더 안전하게 더 큰 부패를 저지를 수 있기 때문일 것이다. 영화 같고 드라마 같은 일이라고 생각하겠지만 세상에는 다양한 사람들이 많다. 위험한 인간 유형은 미리미리 조심하자.

회사에서 피해야 할 인간 유형

1. 어디든 모르는 사람이 없고 청탁을 주고받으며 인맥을 넓히는 사람

2. 오직 지위와 권력에만 관심이 있고 남들보다 우위에 서서 주도권을

   잡고 싶어하는 사람

3. 회사 일과 개인 일을 구분하지 못하고 부정부패에 대한 경계의식이

   낮고 윤리 개념이 없는 사람

회사는
내가 아니다

회사는 나의 소중한 일터이지만 어디까지나 노동을 제공하고 대가를 받는 곳이다. 퇴사하거나 은퇴하는 사람들이 종종 "내 청춘을 바쳐 일했는데 그만두게 되니 너무 섭섭하다."라는 말을 하는 데 나는 이 말에 별로 공감하지 않는다. 나는 직장생활의 거의 전부를 한 회사에서 일했지만 적당한 간격을 두고 새로운 도전적인 업무가 주어지고 승진도 하다 보니 그렇게 되었을 뿐이다. 나도 '성과가 안 좋으면 다른 데 알아봐야 하나?' 하는 두려움을 갖고 살았고, '그렇게 오랫동안 함께 일한 정이 있는데 회사가 내 사정을 봐주면 잘 챙겨주겠지.' 따위의 생각은 해본

적이 없다. 회사는 그냥 일 잘하는 사람은 계속 쓰고 그렇지 않
은 사람은 쓰지 않고 싶으리라는 것을 이해하고 있었다.

회사는 내가 노동을 제공하고 대가를 받는 곳

이제 와서 하는 말이지만 동
료들이 LG트윈스 야구팀을 무척 좋아하고, 해외에 나갔는데 회
사 로고를 보면 감격스럽다고 얘기할 때도 그냥 그런가 보다 하
는 정도였다. 반면 그 시점에 내가 맡은 일에 대해서는 큰 애착
을 두고 좋은 성과에 대해 자랑스러워했다. 동료들과 함께 일하
는 것을 좋아하고 자랑스러워했지만, 개인적인 취미나 관심사를
그들과 나누지는 않았다. 다른 업무를 맡아 떠나면 지난 업무에
서의 상사는 물론이고 동료나 부하직원들도 찾지 않았다. 그냥
그 일을 위해 만났고 함께 잘 일했으니 그것으로 되었다고 생각
했다. 나중에 은퇴하고도 찾아오는 사람들과는 좋은 친구가 되
었지만, 이전 동료를 내가 나서서 찾지는 않았다.

임원이 되어 정규 조직의 책임자가 되기 전까지는 조직에 대
해 아예 관심이 없었다. 물론 부장 시절 수많은 프로젝트의 팀
장을 맡아 팀원들과 함께 일했지만, 어차피 한시적인 조직이었

고 팀원들도 각 분야의 전문성을 가지고 참여했기 때문에 서로 전문성을 가진 동료였을 뿐 부하니 상사니 하는 관계는 아니었다. 그런데 조직 책임자가 되고 나니 회사 전체는 몰라도 그 조직에 대한 애착이 생겼다. 조직이 잘 운영되기 위해서는 구성원들의 조직에 대한 애착도 필요함도 인식했다. 그래서 가끔 단합 행사도 하고 조직으로서의 정체성을 만들려고 노력했다. 예컨대 휴대폰 북미 사업 운영 책임을 맡았을 때는, 부서 이름을 NABDNorth American Business Division라고 지어놓고 모든 활동을 할 때 늘 NABD를 앞세우도록 했다. 이처럼 필요 때문에 일체감을 만들어가긴 했지만, 밀접하게 일하는 동료들과 함께 가지는 소속감이 필요했을 뿐이었다. 일을 할 때는 동료끼리의 소속감과 일체감이 가장 중요하기 때문이다.

대개 사람들은 권력을 갖게 되면, 과거에 같이 일했던 부하직원이나 동료들을 나중에 불러서 심복으로 삼는다. 또는 커리어상 여러 가지 개인적 배려를 한다. 자기가 직접 겪은 사람 중에서 좋은 인재를 발탁하는 것이니 꼭 나쁘다고는 생각하지 않지만 아무래도 인재 풀이 좁아질 수밖에 없다. 나는 누구의 라인을 따르는 것도 만드는 것도 영 적성에 맞지 않았다. 그래서 사람을 쓸 때는 인사팀의 공식 시스템을 통해 복수 후보자를 추천받았고 그중에 골랐다.

회사와 나를
분리하라

나는 개인 생활은 되도록 최대한 회사생활과 분리했다. 경영자가 되고 나서는 불가피한 회식이나 접대는 다녔지만, 그 이외에는 최대한 개인 시간을 지키려 했다. 남들에게도 같은 기준을 적용해서 최대한 개인 시간을 뺏지 않으려고 했다. 당연한 일이기는 하지만 회사 인력이나 시설은 물론 회사 관계로 맺은 인맥을 사적인 용도에 쓰는 것도 안 하려고 노력했다. 딸들의 결혼식도 회사에는 안 알리고 작은 결혼식으로 치렀다. 뭐 특별히 청렴해서라기보다는 그저 회사는 회사이고 나는 나인데 사적인 일에는 내 돈을 들이는 게 당연하다고 생각했다. 그러다 보니 은퇴 후 좋은 점도 있다. 어차피 개인 생활에서는 회사와의 관계, 회사 자산, 회사 사람 등을 쓴 적이 없으니 별로 아쉬운 게 없다.

회사를 그만둔 사람이 제일 괴로운 것 중 하나가 명함이 없는 것이라고 한다. 물론 한국 사회에서 회사의 이름이 가져다주는 후광 효과가 없어질 때 불편한 점이 많기는 할 것이다. 특히 우리나라 사람들은 직함이나 다니는 회사를 통해 자신의 정체성을 찾는 경우가 많다.

나도 처음 임원이 되었을 때는 너무 기분이 좋아서 여기저기 명함을 주고 다녔다. 나중에 생각하니 성과가 있어서 빨리 승진하긴 했지만, 성과가 나쁘면 언제 밀려날지 모르는 직책이었는데 왜 그랬나 싶다.

40년 가까운 회사생활 내내 나는 언제나 성과가 나쁘면 그만둬야 할 것이라는 생각을 하며 살았다. 언제 그만둘지 모르지만 언제든지 그만두면 '조준호'라는 이름 석 자를 가지고 살아가야 하니, 'LG의 전무', 'LG의 대표이사'가 아니라 '조준호'가 그 분야에서 가장 실력 있는 사람으로 인정받도록 노력하자고 마음먹었다. 이런 생각 자체가 미래에 대해 불안해하던 나의 마음 상태를 반영하는 것이기도 하다. 그러나 회사에 어떻게 하면 잘 보일까가 아니라 개인의 실력을 키워 어딜 가나 인정받자는 마음이 나를 더 성장시켰다. 결국 집단주의가 아니라 개인주의 성향이 나를 키운 셈이다.

실체가 없는 회사와 굳이 일체감을 가질 필요는 없다. 더구나 예전처럼 평생 직장도 아닌 터라 더욱 그러하다. 하고 있는 업무와 동료에 대해서 애착을 두고 그들과 일체감을 느낀다면 그

것으로 충분하다. 그러니 제발 청춘을 바쳐 일했는데 회사가 나한테 이럴 수는 없다느니 하는 대사는 꿈에도 하지 말자. 무료로 봉사한 것도 아니고 서로의 필요 때문에 회사가 고용한 것뿐이다. 당신이 하는 일을 의미 있고 재미있게 하는 것도 동료들과 잘 지내는 것도 모두 당신의 선택이다.

40년 가까이 회사생활을 하는 내내 나는 언제나 성과가 나쁘면 그만두게 될 것이라는 생각을 하며 살았다. 그러면서도 언제든지 그만두면 '조준호'라는 이름 석 자를 가지고 살아가야 하니 내가 그 분야에서 가장 실력 있는 사람으로 인정받도록 노력했다. 회사에 어떻게 하면 잘 보일까가 아니라 실력을 키워 어딜 가든 인정받자는 마음이 나를 더 성장시켰다. 결국 집단주의가 아니라 개인주의 성향이 나를 더 성장시킨 셈이다.

스트레스를
관리하는 법

당신은 회사에서 받은 스트레스를 어떻게 풀고 있는가? 보통 이런 질문을 받으면 사람들은 취미생활을 즐긴다거나 운동을 한다고 대답한다. 그런 활동은 스트레스를 잊는 것일 뿐 해소하는 것은 아니다. 회사생활에서 생성되는 스트레스의 종류에는 여러 가지가 있겠지만 아무래도 성과에 대한 스트레스가 가장 크다.

일로 생긴 스트레스는
일로 푼다

개인적으로, 일이 잘 안 풀릴

내향인 개인주의자 그리고 회사원

때 쌓인 스트레스를 근본적으로 해소하는 방법은 그 일을 해결하기 위해 할 수 있는 일을 다 하면서 그 일이 지나갈 때까지 버텨내는 것뿐이라고 생각한다. 나도 스트레스를 풀기 위해 운동을 하고, 좋아하는 소설, 영화, 드라마 들을 보고, 여행도 해보았지만 효과는 그때뿐이었다. 아니 그때조차도 마음 한구석에서는 안 풀리는 일에 대한 고민이 여전히 있어 마음이 무겁고 온전히 쉴 수 없었다.

회사생활을 하는 동안 힘든 일도 많았다. 임원 초기 IMF 위기 상황에서 구조조정으로 급여가 삭감되어 불안에 떨던 시기도 있었고, 휴대폰 미국 사업을 책임지고 있을 때는 사업을 접고 철수하는 것을 고려해야 할 때도 있었고, 갑자기 위기에 빠진 스마트폰 사업에 구원투수로 들어가 회심의 승부수를 던졌는데 품질 관리에 실패하여 막대한 손실을 야기한 일도 있었다. 하나하나가 개인으로서는 참으로 견디기 힘든 시기였다. 지금도 그때 사진을 보면 얼굴에 스트레스가 그대로 나타나 있다. 이럴 때 위안으로 삼았던 말이 있다.

"이 또한 지나가리라. This too, shall pass."

미국에서 감리교 목사의 딸로 태어나 목회자의 아내로 살았던 찬송가 작사가이자 시인 랜터 윌슨 스미스Lanta Wilson Smith, 1856~1939의 시 제목이기도 하다. 고난이 끝날 것 같지 않던 상황도 하루하루 버티다 보면 고통도 점차 완화되고 어느새 지나간다.

그렇다면 어려운 시기를 '어떻게' 버텨야 할까? 먼저 나의 어려움을 누구에게라도 말해야 한다. 억울하고 답답한 심정을 마구 토로하는 것이다. 두서가 없어도 좋다. 큰 소리를 질러도 좋다. 눈물을 펑펑 쏟으며 울부짖어도 좋다. 마음이 풀릴 때까지 자기의 고통을 전부 말한다. 그리고 일상으로 돌아간다. 마음이 답답해질 때마다 이렇게 반복한다.

회사 사람들 앞에서 하라는 것이 아니다. 회사에서 이렇게 하면 어떤 사달이 날지는 뻔하다. 동료나 상사는 당신을 더 이상 신뢰할 수 있을지 고심할 것이다. 부하직원들 앞에서 이런 모습을 보이면 상사의 무너진 것 같은 모습에 불안을 느낄 것이다. 배우자에게도 한두 번은 할 수 있지만 상대도 두려움이 커져 다 같이 힘들어질 뿐이다.

나는 신앙생활을 하니 골방에서 하나님을 찾으며 마음의 고통과 어려움을 울부짖었다. 지혜를 구하고 이 어려움을 견디어낼 힘을 달라고 기도했다. 회사 동료, 회사와 관련된 모든 사람의 고통을 덜어달라고 기도했다. 살면서 나를 위한 기도만 했는데 진짜 어려움을 겪다 보니 함께 어려움을 겪는 사람들을 위한 기도가 절로 나왔다. 신앙생활을 안 하는 사람이라면 상담 전문가의 도움을 받기를 권한다. 그들은 잘 듣는 것을 전문적으로 훈련받은 사람들이니 당신 마음속의 모든 고통과 분노, 억울함을 다 얘기해도 충격받지 않고 다 받아줄 수 있다.

회복탄력성을 키우는
혼자만의 시간

이러한 큰 위기 상황이 아니더라도 회사생활을 하면 인간관계, 승진, 회사 환경 등등 스트레스 쌓일 일은 널려 있다. 이런 것들은 일과 여가와의 균형을 통해 풀어나가는 게 좋다. 여가 시간에 소중한 사람들과 즐겁게 보내고 나머지 시간에는 좋아하는 일을 하거나 자기만의 시간을 갖는다. 회사 일로 스트레스를 받는데 가족들과 보내는 시간에서도 더 스트레스를 받는다면 당신은 일과 여가 간에 균형이 무너져 있는 것은 아닌지 짚어봐야 한다. 당신이 감당할 수 있는 수준을 넘어가는 스트레스가 장기간 계속되면 여러 가지 문제가 생기니 조심해야 한다.

흔히 여가를 가진다고 하면 남들이 하는 것을 나도 해야 한다고 생각하는 사람이 많다. 맛집도 가야 하고, 요즘 유행하는 테니스도 해야 하고, 해외여행도 가야 하고, 하다못해 호캉스라도 가줘야 한다고 말한다. 일에 관한 관심을 다른 데로 돌리는 것은 좋지만 여가 시간에 반드시 무언가를 해야 한다는 강박을 가지면 이것도 일이 된다. 내향적인 사람에겐 아무것도 안 하고 멍때리는 시간을 가지는 게 더 스트레스 해소에 도움이 된다.

영어에 'unwind'라는 단어가 있다. 감겨 있는 것을 푼다는 뜻인데 책이나 유튜브를 아무 생각 없이 보는 것이 무척이나 쓸데없이 시간을 쓰는 것 같아도 그 시간 중에 머릿속에 실타래가 풀리고 있는 것이라면 유익한 시간이라고 볼 수 있다.

개인적으로, 일이 잘 안 풀릴 때 쌓인 스트레스를 근본적으로 해소하는 방법은 그 일을 해결하기 위해 할 수 있는 일을 다 하면서 그 일이 지나갈 때까지 버텨내는 것뿐이라고 생각한다. 그 시간을 잘 견디기 위해서 자기만의 방법으로 회복탄력성을 키우고 스트레스를 극복해야 한다.

번아웃에서
나를 지키는 법

부장 말년에 엄청난 번아웃이 왔다. 부장이 되기 전 수년 동안 맥킨지앤드컴퍼니와 조인트 태스크Joint Task 팀 일원으로 일했는데, 그룹 내 각종 어려운 사업의 턴어라운드 프로젝트나 성과 향상 프로젝트에 참여하면서 해당 컨설팅 회사의 각종 문제 해결 기법을 배워 익히는 임무를 수행했었다. 컨설팅 회사는 단기간에 엄청난 양의 자료를 분석하고 해결책 입안 작업을 해야 한다. 하루에 20시간씩 일해야 할 정도로 일의 양이 엄청난데 배우겠다는 열의가 넘쳤던 탓에 심신에 무리가 오기 시작했다.

우선 잠을 제대로 자지 못했다. 자리에 누워도 머릿속에 온갖 일과 관련된 생각이 윙윙 소리가 날 만큼 돌아가고 간신히 잠이 들면 새벽에 얼굴이 얼얼하게 아파서 일어나곤 했다. 낮에도 온몸에 기력이 없었다. 하루에 3~4시간만 책상 앞에 앉아 있으면 너무 피곤했다. 회사에서는 워낙 일을 열심히 하는 사람, 힘든 일에도 끄떡없는 사람이라고 인식돼 있던 터라 내색하기가 싫었다. 병원에 가서 여러 가지 검사를 했지만 특별한 이상이 없었다. 한의원에 갔더니 기가 완전히 고갈된 상태라 이대로 가면 몇 년 못 살 거라고 했다. 그러자 정신이 번쩍 들었다.

번아웃되지 않고도
뜨거울 수 있다

당시 매일 7시에 출근해서 한두 시간 그날 할 일을 구상하고 낮에는 자료를 수집하거나 인터뷰를 했고, 저녁을 대충 때운 후엔 분석과 장표화 작업을 하고 10시쯤 돼서야 퇴근했다. 주말에도 회사에 나가서 일하거나 집에서 일했다. 누가 그렇게 하라고 한 것도 아닌데 그 컨설팅 회사의 기법이 좋아 보이기도 하고, 그들이 실력 좀 있다고 우리 회사 임직원들의 실력을 낮추어 보는 것 같아서 어떻게든 그들보다 더 잘하려고 죽자 살자 일에 매달렸다. 덕분에 뛰어난 실력을 갖추게 되었지만 모든 스트레스가 쌓였다가 한꺼번에 터져 나온 듯했다. 이러다 정말 폐인이 되겠다는 위기감이 들었다.

이후 어쩔 수 없이 생활 패턴을 완전히 바꿨다. 아침 운동부터 시작했다. 동네 헬스클럽에 나가서 30분을 뛰고 15분을 근력운동을 했다. 저녁 식사는 되도록 집에 와서 했다. 일을 집에 가져오는 것도 중단했다. 주말에는 회사에 절대 안 나가고 동네 뒷산을 올랐다. 당시 나는 30대 중반이었는데, 뒷산 오르는 것도 힘들어서 하늘이 노래질 지경이었다. 정말 체력이 완전히 바닥이었다.

2년 동안 이렇게 노력하자 겨우 온종일 회사에서 일해도 고통스럽지 않을 만큼 회복되었다. 그렇다고 해도 이전 수준의 체력보다는 훨씬 낮았다. 돌이켜 보면 그때 번아웃된 것이 도리어 축복일 수도 있었다는 생각이 든다. 그때 생활 패턴을 바꾸고 30년 가까이 그 패턴을 유지하면서 살았기 때문에 지금은 오히려 좋은 체력을 유지하고 있으니 말이다.

그 시기에 일하는 방식도 바꾸었다. 내가 다 짊어지고 해결하는 게 아니라 후배와 동료들을 가르쳐서 일을 위임했다. 어떻게 성과를 내면 좋을지 혼자 고민하던 일들을 다른 사람들과 공유하고 질문과 회의를 통해 함께 고민하고 일을 해결하도록 맡겠다. 처음에는 내 일이 없어진 것 같아 그렇게 허전하고 어색할 수가 없었다. 하지만 그간 쌓아온 경험과 노하우를 전하고 일을 통해 가르치니 더 객관적으로 판단하게 되었고, 리더의 사고방식과 마음가짐을 배우는 계기가 되었다. 위기의 시간이었지만 결과적으로 한 번 더 도약하는 경험을 했다.

후배들이 묻곤 했다. 그렇게 해서 운동을 시작한 것은 알겠는데 어떻게 30년 가까운 세월 동안 한결같이 운동하여 체형과 체중을 유지해왔는지 알고 싶어했다. 한 번 정한 것은 무슨 일이 있어도 지키려 하는 강박이 있기도 하지만 '내일 하기 싫어지지 않을 만큼만 한다'라는 원칙을 지킨 것도 큰 몫을 한 것 같다. 지금도 45분을 조금 빠른 속도로 걷고 근력 운동을 딱 10분만 한다. 근력 운동을 늘리라는 얘기를 듣고는 있는데 아직은 숨이 찰 만큼의 속도로 걷는 것이 나에겐 더 맞았다.

일도 마찬가지다. 상황 판단이나 문제 해결같이 고도의 분석과 종합 능력이 필요한 분야에서 실력이 비약적으로 늘려면 일에 미쳐 있는 기간이 있어야 한다. 하지만 이 기간이 너무 길어지면 번아웃 되기 쉽다. 이후에는 자기 심신 상태에 맞는 업무 패턴으로 돌아가야 한다. 체력이든 공부든 일하는 실력이든 매일 매일 제대로 하고 있으면 쌓이게 되어 있다. 며칠 과하게 일하다가 지쳐 떨어져서 하루 이틀 안 하게 되면 처음부터 다시 시작하는 것과 비슷한 데다 다시 시작하기도 싫어진다.

나는 6년째 일주일에 세 번씩 운동 교습을 받고 있다. 처음 이 운동을 시작할 때는 나보다 훨씬 젊고 운동 신경이 좋아서 진도가 빨랐던 사람들이 많았는데 중간에 대부분 그만두었다. 한동안 지나치게 열심히 하다가 지쳐서 한두 번 빠지고 그렇게 아주 그만둔다. 자기 페이스대로 꾸준히 하는 것이 정석이다.

나는 무엇을 즐거워하는가

자기가 좋아하는 일을 발견하여 여가를 사용하는 것도 번아웃을 피하는 방법이다. 앞서 좋아하는 일을 직업으로 삼지 말라는 얘기를 했다. 그런데 여가에 좋아하는 일을 하는 것은 심신의 건강을 유지하는 데 더없이 좋다. 너무 거창한 투자를 할 필요는 없다. 펜으로 그림을 그린다든지, 매일 매일 단상을 써서 블로그에 올린다든지, 사진을 멋지게 찍어 SNS에 올릴 수도 있다.

그런데 내가 무얼 좋아하는지 모르는 사람들이 꽤 있다. 내가 무엇을 좋아하는지는 어떻게 발견할 수 있을까? 비결은 일단 해보는 것이다. 나는 자동차 드라이브를 좋아했지만, 일상에서 드라이브를 즐기는 건 쉽지도 않고 별로였다. 수채화 도구를 사서 그림도 그려보았는데 두 장 그리고 나니 더 하기가 싫어졌다. 여러 가지 취미 활동을 시도해보다가 결국 로봇 프로그래밍을 즐긴다는 것을 알게 됐다. 남들이 뭐라고 하든 자기가 즐거워하는 것을 찾아라. 그리고 그것을 하다 보면 실력이 늘면서 더 즐거워진다. 가끔 주변에 자랑도 하면서. 나의 어렸을 적 꿈이 물리학자나 로봇 공학자가 되는 것이라는 말을 했다. 어렸을 때 아이작 아시모프의 단편 로봇 소설 시리즈를 읽었는데 그중 자꾸 거짓말을 하는 로봇 이야기가 있었다. 우연히 사람의 마음을 읽을 수 있는 능력이 생긴 로봇이 사람들의 마음을 상하지 않게 하려고 거짓말을 하게 되었다는 얘기였다. 어린 마음에 나도 그렇게 착한 마음을 가진 로봇을 만들고 싶다는 꿈을 가졌다.

하지만 여러 상황 때문에 문과로 진학했고 회사원이 되면서 꿈과 멀어졌지만, 은퇴 후 로봇의 미래에 대해 관심을 두고 공부했다. 진짜 나만의 로봇을 조립하여 소프트웨어를 직접 코딩하는 모습까지는 구체적으로 상상해본 적이 없는데 지금 그렇게 하고 있어서 나 자신도 놀랍다. 이것이 지금 나의 큰 즐거움이다.

아직도 배울 것이 많고 여러 난관에 부딪힌다. 하지만 그걸 해결할 궁리를 하는 것이 무척 재미있다. 한번은 미국에서 우주 탐사선을 위한 소프트웨어 개발을 하고 있는 조카가 놀러 와서 나를 보더니 무척 부러워했다. 자기는 소프트웨어 개발이 직업이라 일정에 쫓기고 성과에 쫓기기 때문에 즐겁게 일하지는 못한다고 했다.

당신이 여가를 즐겁게 보낼 수 있는, 그래서 일에서 오는 스트레스를 지워버릴 수 있는 취미를 발견하기를 진심으로 바란다. 번아웃의 가장 강력한 백신이 될 것이다. 삶의 열정과 에너지를 관리하고 건강에 좋은 생활 루틴을 만들어보자.

어느 분야에서 내 실력을 늘리려면 일에 미쳐 있는 기간이 있어야 한다. 하지만 이 기간이 너무 길어지면 번아웃 되기 쉽다. 일에만 집중했던 기간이 끝나면 자기 심신 상태에 맞는 업무 패턴으로 돌아가야 한다. 삶의 열정과 에너지를 관리하며 뜨거워지되 불타 버리지 않도록 건강에 좋은 생활 루틴을 만들자.

내향인
개인주의자
그리고
회사원

초판 1쇄 인쇄   2023년 10월 10일
초판 1쇄 발행   2023년 10월 25일

지은이   조준호 김경일
발행인   정수동 이남경
본문디자인   김경주
표지디자인   Yozoh Studio Mongsangso

발행처   저녁달
출판등록   2017년 1월 17일 제2017-000009호
주소   경기도 파주시 회동길 445, 301호
전화   02-599-0625
팩스   02-6442-4625
이메일   book@mongsangso.com
인스타그램   @moon5990625

ISBN   979-11-89217-20-4   03320

ⓒ 조준호, 김경일, 2023

* 저작권법에 의해 보호를 받는 저작물이므로 무단전재와 무단복제를 금합니다.
* 잘못 만들어진 책은 구입하신 서점에서 교환해드립니다.